Outside Director Q&A

総務・事務局担当者のための

社外取締役対応の現場

｜弁護士 中西和幸 著

中央経済社

はしがき

　私は，勉強会仲間の法務部長からお話をいただいて社外取締役に就任して以来，社外監査役，社外取締役監査等委員と，3種類の職務を経験してきました。

　最初に社外取締役に就任したのは2010年のことであり，短い間でしたが，法務部長と一緒に会社のために職務を行ってきました。その頃は，まだ社外取締役は少なく，どのように実務を進めてよいか手探りでよい方法を見つけ，また前例がないものは思い切ってチャレンジしてみました。

　また，社外監査役，社外取締役監査等委員に就任したときは特に知り合いがいる会社ではありませんでしたが，社外役員としての職務をどのように行うのか，管理部門の役員の方や，窓口となる部長さんたちと一緒に実務を経験してきました。

　一方，弁護士としても，社外役員の方との関わりがいろいろありました。直接お話をしたりする機会は，株主総会の勉強会やリハーサルくらいでしたが，近時の実務では社外役員の方の存在を意識するようになりました。例えば，M&Aや重要な案件については，どのような段階で，社外役員の方にお耳に入れたり意見を聞いたりすればよいか，と段取りを検討するなどしたり，実際に社外役員の意見を聞いてもらって参考にしたり，途中で反対されないように丁寧に説明する段取りを設けることを心がけるようになりました。

　この他に，日本弁護士連合会で社外取締役ガイドライン（https://www.nichibenren.or.jp/library/pdf/activity/justice/guideline.pdf）の作成に携わり，これを紹介する公開講座では，登壇者としてお招きした社外役員の方から，いろいろな実務のコツや悩みをうかがいました。

　そこで，今回，社外取締役に関わる実務をまとめる書籍のご提案をいただき，社外取締役側ではなく会社の担当者の立場から，いろいろな実務をQ&Aの形式で紹介することにしました。普段の実務の中で発生する疑問の解決に，少し

でもお役に立てれば幸いです。ただ，どの会社でもあてはまる問題ではないと思いますので，もし，「ありえない」と思われる質問がありましたら，笑ってお許しください。

　最後になりましたが，本書の企画から最後まで支えてくださった中央経済社の石井直人様と，執筆中に有益なアドバイスをくれた事務所の同僚である松田秀明君に，御礼申し上げます。

2022年6月

田辺総合法律事務所

弁護士　**中西和幸**

第3章　取締役会の開催と社外取締役 ——————— 71

第4章　社外取締役と株主総会 ──────── 171

第5章　社外取締役の不正・不祥事対応 ──────── 179

第6章　社外取締役の評価 ──────── 197

第1章

社外取締役就任まで

Q1　社外取締役の候補者探し

社外取締役を探す際にどのようにして候補者を探せばよいでしょうか。

A 大きく分けると，①役員や上級職員の知り合いや，顧問弁護士，会計監査人等のつてをたどるか，②一定の組織の紹介を受ける2通りの方法があります。

そして，紹介を受ける組織としては，①公的団体，②社外取締役の人材紹介を行っている株式会社，③一般社団法人等の団体から紹介を受ける，の3通りがあります。

解　説

1　社外取締役の人材は意外に豊富

(1)　社外取締役の需要が急増

「社外取締役が不足している」というセリフをよく耳にします。会社法が改正されて，上場会社（厳密には有価証券報告書提出会社）では社外取締役の選任が義務化され，コーポレートガバナンス・コード（以下，本書では「CGコード」といいます）では，複数の社外取締役が求められ，プライム市場上場の会社は3分の1以上が社外取締役であることが求められるようになりました。そのため，上場会社や上場を直前に控えた会社では，社外監査役に加えて社外取締役を選任するか，監査等委員として社外取締役を選任するか，どちらかで対応する必要があります。

そのため，社外取締役の需要が急増しているといっても過言ではありません。

⑵　いざ探そうとすると悩ましい

　こうしたときに，社外取締役をどのように探すか，悩んでしまう場合も少なくありません。たとえば，ちょっと社長の友人をたどってみても，友人自身が会社経営に多忙で引き受けてくれない，顧問弁護士や会社の監査を引き受けている監査法人の公認会計士は社外取締役になれない，いざ頼もうとすると口うるさい，など様々なハードルがあるという現実もあります。

　また，つてをたどって依頼したものの，会長や社長といった経営者と相性が悪くても，紹介者との関係で断りにくい，という悩みもあるでしょう。

⑶　社外取締役の人材は意外と豊富

　しかし，筆者の経験等からすると，社外取締役の候補としてふさわしい方は，いろいろなところにいます。知名度が高くなくても，素晴らしい方はたくさんいます。ところが，上場会社にとって社外取締役の選任がスタンダードとなって以降まだ間がなく，社外取締役のマーケットが十分に整備されているとまではいい切れないのが実情であり，マッチングが上手にいっていないものと思われます。

　それでも，以下のように社外取締役を探すことで，複数の社外取締役候補者を選び，その中から，最も相性のよい社外取締役を探し出すことができます。

2　社外取締役の探し方

⑴　つてをたどる

　まずは，つてをたどる方法があります。

　この場合，紹介者がある程度の人柄を知っており，当該候補者と会社との間で何かあったときには紹介者に協力を依頼できることもあり，スムーズに選任することができます。紹介者が，経営者との相性をある程度考えてくれることもあります。その代わり，紹介者の想定と異なり，候補者と経営者（会長，社

長等）との相性がよいとはいい難いときであっても，一度依頼をしてしまうと紹介者のいる手前，断りにくい，という難点があります。

　つてをたどる場合，社内では，取締役や監査役などの役員が，経営者仲間や経営者OB，また，弁護士や公認会計士を知っていることがあります。特に，社外取締役や社外監査役が，社外取締役の候補者を知っていることは少なくありません。また，法務部門や経理・財務部門などの管理部門の上級職員に，弁護士や公認会計士の知り合いがいる場合も多いでしょう。

　この他に，社外者として法律や会計の専門家を探すのであれば，顧問弁護士や会計監査人に個人的なつてなどで紹介を依頼することも考えられます。

(2)　事業者を活用する

　人材を紹介するプロフェッショナルである人材紹介業を営む事業会社を介する方法があります。事業会社は，人材紹介が成功するよう充実した候補者を確保している例が多いでしょう（事前に候補者の登録を受けている場合と，依頼があってから候補者と連絡を取る場合があります）。

　事業者としては，人材紹介業者が社外取締役や社外監査役の紹介まで事業を拡張した業者と，コーポレート・ガバナンスのコンサルティング等を行っている事業者が人材紹介業としての許認可を受けて紹介を行うようになった業者があります。職業紹介業者としてのノウハウは前者が豊富ですが，後者はコーポレート・ガバナンスと社外取締役の関係を熟知しており，その視点からの紹介を期待することができます。

　事業者からの紹介では，人材が豊富であったり，社外取締役を探す上でのアドバイスなどを受けられたりするなどサービスの手厚さを期待することができます。しかし，その分，紹介料は決して安価とはいい難い（成功報酬型で年俸の数十％？）のが難点です。

(3)　事業者以外の団体を活用する

　株式会社のような事業形態をとっていないものの，コーポレート・ガバナンスや会社経営に関連するセミナーや勉強会などを開催している団体があります。こうした団体が，社外取締役の人材を紹介する仕組みをもっていることも少なくありません。

　こうした団体では，コーポレート・ガバナンスや会社経営に関して社外情報収集やネットワークの活用に熱心で優秀な会員が多く，このような会員の中から社外取締役を紹介してもらうことが可能となります。会員の中には，現役会社経営者や経営者OB，弁護士・公認会計士・税理士などの専門家，投資家や投資家OB等々様々な人材がおり，積極的な活動を期待できる可能性が高いというメリットがあります。

　また，紹介を受ける場合，組織の会員として加入して会費を支払うか，または紹介料を支払うかなど，全く無償というわけにはいきませんが，事業者と比較して安価な可能性もあります。

　筆者が知っている団体は，以下のとおりです。

- ・（一社）日本取締役協会
- ・（一社）実践コーポレート・ガバナンス研究会
- ・（特非）日本コーポレート・ガバナンス・ネットワーク

(4)　公的団体を活用する

　弁護士や公認会計士の紹介を受ける方法としては，弁護士会や日本公認会計士協会の紹介を受ける方法もあります。

　弁護士の場合，東京弁護士会，第一東京弁護士会，第二東京弁護士会の東京三会，大阪弁護士会，愛知県弁護士会などの上場会社の数が多い都道府県の弁護士会で候補者名簿を整備しています。ただし，女性に限って名簿を整備し

ている弁護士会もありますので，各都道府県にある弁護士会に確認をすることが大切です。

　日本公認会計士協会の場合は，社外役員候補としての公認会計士紹介制度を設けています。

　いずれの団体も，研修制度を設けるなど，人材の水準を確保することに努めているとのことです。

　こうした公的団体については，無償か否か，どのような対応（紹介が可能か，名簿の閲覧に限られるか等）がなされるかについて，個別に照会して適切に活用することが重要です。

Q2　社外取締役の能力

　社外取締役には，どのような方を招けばよいのでしょうか。ポイントを教えてください。

A　まず，会社にとって社外取締役のどのような能力やステイタス等が必要かを整理します。そして，必要な能力を備えている可能性のある経歴や職歴の方を候補者として数人ピックアップします。次に，候補者と面談を行って，候補者の能力や人となり，また経営者との相性等を調査し，候補者を絞り込んで選任します。
このような手順で進めることが一般的です。

【解　説】

1　社外取締役を選任する目的の整理

(1)　選任目的

　社外取締役を選任するにあたっては，まず，社外取締役を選任する目的を整理することが大切です。

　詳細は別途述べますが，たとえば，業務執行者を監督する仕組みを整えたい，指名と報酬に関する客観的な仕組みを整えたい，M&Aの合理的運用のために独立社外取締役による委員会を設置したい，等が考えられます。

　なお，「当社は上場会社であり，会社法やCGコードが求めるから仕方なく選任する，そのためには，取締役会では座っていて何も発言せず，経営陣の提案に賛成するだけの社外取締役がよい」ということも目的として考えられ得るところです。ただし，そのような社外取締役の選任目的は，長期的な企業価値の向上につながらず，役員報酬等が無駄になることはもとより，株主や投資家にそのような態度が見透かされ，投資の対象から外されて株価が低迷する可能性

も否定できないので，筆者としては薦められません。

(2) アドバイザーから監督者へ

　以前は，会社や経営者に対するアドバイスを求めるという，アドバイザー目的で社外取締役を選任する会社が多数でした。しかし，取締役でない者にアドバイザー業務を委任しても目的を達成できることから，アドバイザーが取締役会において議決権をもつ必要はなく，最近は社外取締役のアドバイザー機能は重視されていません。

　近時，機関投資家は，社外取締役はアドバイザーではなく業務執行者を監督する者であると理解し，同様に，CGコードでは社外取締役は監督者であることが明確にされています。こうした流れから，多くの上場会社は，社外取締役は業務執行者の監督者であると理解しています。

　すると，どのように社外取締役が業務執行者を監督するか，というコーポレート・ガバナンスの仕組みを会社ごとに工夫し，社外取締役をどのように位置づけて監督機能を発揮させるかが重要となります。

(3) 監査等委員会設置会社の場合

　監査等委員である社外取締役の場合，業務執行者の監督者であると同時に，業務執行を監査する職務も兼務することになります。そのため，複数の社外取締役である監査等委員の中で，業務執行者の監督と業務執行監査の両方をどのように分担等をして行うかを考えて選任する必要があります（すべてを行うことができる卓越した能力を持つ者はごくわずかでしょう）。

2　社外取締役の執行する職務からの視点

(1) 取締役会における監督

　社外取締役の職務執行の場は，まずは取締役会です。そのため，社外取締役

に取締役会でどのように監督権限を発揮してもらうか，そのためにはどのような者を社外取締役に選任するかが要点となります。

　取締役会における監督については，取締役会において議論される報告事項や議案についての視点が重要となります。通常は，経営・法務・会計の視点が重要とされることが多いです。そのため，社外取締役には，経営，法務，会計の各専門家が選任されることが多くあります。

　また，株主や投資家側の利害関係者として，取締役会に出席することで監督を行うことも考えられます。この場合は，株主総会や株主・投資家側とのエンゲージメントの場面における意見交換と異なり，社外取締役として善管注意義務に基づき守秘義務を負っていることから，非公表の経営事項についても監督を行うことができます。このことは，インサイダー取引規制やフェア・ディスクロージャー・ルールの枠にとらわれず，株主・投資家側の考え方に基づき業務執行取締役を監督することができることを意味しています。

⑵　指名・報酬を通じた監督

　取締役の監督は，取締役会における報告および審議の他，先進国のガバナンスの主流であるスリー・コミッティー（三委員会）の内容である指名および報酬を通じて行うことが多くあります。

　たとえば，指名については，再任・不再任・解任を決定すること，不再任の取締役の代わりの新任候補を絞り込むこと，報酬については，個別の固定報酬額を決定すること，業務執行の成果を確認して業績連動報酬を決定することが，業務執行取締役の監督としての重要な場面となります。

　社外取締役には，こうした指名・報酬に関する経験や知見がある方が好ましいと考えられます。

(3)　監　査

　指名・報酬と並んで，スリー・コミッティーの残りの１つである監査も重要です。

　監査については，業務執行の適法性・妥当性監査と会計監査の２つの柱が中心であることから，会計監査に知見のある公認会計士と，適正・適法な業務執行に知見のある弁護士の選任が好ましいことになります。また，会社の事業に一定の理解がある経営経験者を選任することも考えられます。

(4)　ダイバーシティ

　近時，ダイバーシティへの関心が高まっています。業務執行における多種多様な角度からの価値観の反映が，企業の持続的成長にとって重要であると考えられ注目されているからです。日本では，女性の増加という性別の多様性が中心とされており，その他には出身国，母国語等のダイバーシティに注目が集まりはじめた一方，宗教や民族の要素はあまり注目されていないようです。

　会社においては，業務執行だけでなく，取締役会における意思決定等においても，多種多様な価値観の反映が重要です。そのため，取締役会の構成員，とりわけ監督者である社外取締役のダイバーシティも重要となります。

Q3 取締役会における社外取締役の構成

取締役会における社外取締役の構成を検討する際に考慮すべきポイントは何ですか。

A まず，取締役会において社外取締役が過半数を占めるかどうかを決めることが大切です。次に，社外取締役のダイバーシティや職務分担を考えることです。

任意の委員会を設置する場合も，委員会内の社外取締役の占める割合やダイバーシティが重要となります。

こうした社外取締役の選任状況については，人数だけでなく，能力や経験のバランスも大切ですから，株主や投資家へのアピールのため，スキルマトリクスの開示等の工夫をすることが大切です。

解　説

1　取締役会における社外取締役の割合

(1)　過半数を占める場合

　社外取締役の占める割合が特別な意味を持つときがあります。まず，取締役会の過半数を占めるか否かに大きな意義があります。取締役会は多数決で決することから，社外取締役が過半数を占める場合，業務執行取締役の暴走が止められる仕組みであることが明確になります。そのため，取締役会においてガバナンスが有効に機能していることを，株主・投資家に明確にアピールすることができます。

(2)　業務執行取締役が 1 名に限られる場合

　取締役会において，業務執行取締役が 1 名しかおらず，残りは社外取締役で

ある取締役会構成も考えられます。ニューヨーク証券取引所（NYSE）に上場する会社の多数がこのような構成となっています。すると，取締役会は，業務執行者であるCEOおよびその他の業務執行を行う執行役を監督する職務であることが明確となります。

このような会社では，取締役会において指名，報酬，監査の各委員会が構成され，適宜分担の上，業務執行者を監督することになります。

ただし，日本の上場会社でここまで思い切った構成を採用するところは，全くないわけではありませんが，わずかです。

⑶　社外取締役が業務執行取締役より１名少ない場合

日本の上場会社で社外取締役の人数が３分の１を超えながら過半数としない会社において，社外取締役が社内取締役より１名少ない例が多くあります。これは，利益相反取引など，ある業務執行取締役が特別利害関係者として議決権をもたない議案の場合，コーポレート・ガバナンス上重要な議題となることが多いところ，こうした議案では社内取締役と社外取締役の議決権比率が１対１となり，社外取締役が全員反対すれば否決となるように，過半数に至らないがコーポレート・ガバナンスを重視した人数割合となっています。

⑷　３分の１以上の場合

取締役会では過半数を満たさないため法的には特別な意味はありません。しかし，取締役会の中で，すべての議案において社内取締役が完全に一致するわけではないとも考えられます。すなわち，議案に対する意見については一定の濃淡があることから，一定数の社外取締役が足並みを揃えて意見を述べれば取締役会の３分の１を占めることから有力な派閥となり，社内取締役の中でも一部の者が社外取締役に同調したり，業務執行取締役の提案に慎重になる可能性もあったりするのです。また，一定数の反対がある議案であることから，原案

が反対派の意見を聞き入れて修正する可能性が強くあります。そうすると，現実的には，社外取締役の意見が過半数に満たなくとも一定の効果が得られることになります。

　こうした事態が常に発生するわけではありませんが，先進OECD各国のコーポレート・ガバナンス体制において社外取締役が最低3分の1とされていることについても，経験則上の理由があると想像されます。

　そして，日本のCGコードにおいても，プライム上場の会社には3分の1以上の割合とすることが推奨されていることや，3分の1以上の割合とすることで投資家の議決権行使基準や投資基準を満たすことにつながり，ひいては株式の購入が促進される可能性が高まることになると考えられます。

⑸　複数だが3分の1に満たない場合

　日本のCGコードにおいては複数の社外取締役選任が規定されており，監査等委員会設置会社では最低2名の社外取締役の選任が必要なことから，日本の上場会社においては，多数の会社が該当しています。

　この場合，社外取締役は，現実的には1人で職務執行を行うよりも複数の社外取締役の間で協議をして職務を行うほうが，独断を防ぎ，また，多角的な判断が可能となり，1人で行うよりも安心感があることから，複数の社外取締役を選任することが必要と考えられています。

　なお，社外取締役選任のコストを削減したい会社は，CGコードに形式的にでもコンプライしたい会社も含め，監査等委員会設置会社を選択して複数の社外取締役を選任することが少なくないのが現状です。

　もっとも，2021年6月のCGコード改訂により，東京証券取引所プライム市場に上場している会社は，3分の1未満ですとその理由を開示しなければならないので注意が必要です。

⑹　１名の場合

　社外取締役が１名の場合，上場会社では監査役会設置会社に限られることになり，また，CGコード上は説明が要求されることから，ほとんど選択されていません。

　実際に社外取締役が１名しかいない場合，社外取締役は社外監査役と連携して職務を執行し，業務執行取締役を監督することになります。なお，社外取締役と社外監査役の職務や権限が違うのではないか，ということも理論上は考えられますが，実際には，取締役の監督と監査役の業務執行監査の差異は曖昧であり，また，現代は監査役であっても取締役の監督や会社経営等について意見を述べることも少なくないことから，社外取締役と社外監査役の連携は，意外と有益です。

2　職務・能力・経験の分担

　社外取締役の職務に求められる経験や能力の要素として，実際に選任されている社外取締役を見ると，経営，法務，会計，税務，投資の概ね５種類が考えられます。中には，元公務員を社外取締役として選任する上場会社もありますが，監督に必要な知見や経験を有する者が必ずしも多いとはいえず，どちらかというとアドバイザーの機能を求められていると推測されます[注]。

　そこで，ある程度の人数の社外取締役を選任して，経営能力をもつ元上場会社経営者，法務の能力をもつ弁護士，会計の能力をもつ公認会計士，税理士，また，投資家としての経験を活かして株主の利害を取締役会に反映させる等，多数を選任して求められる能力や経験を分担してもらうことが合理的でしょう。

　ただし，経営，法務，会計，税務，投資の専門家としての能力のすべてを兼

注　複数の機関投資家によれば，元公務員を社外取締役に選任する上場会社のパフォーマンスは良好とはいえない傾向にあるとのことです。

ね備えた人材は残念ながら見当たらず，ある程度の人数を選任することが必要となります。

　そのため，社外取締役の人数を抑えた場合，経営，法務，会計，税務，投資，といった必要な能力のすべてをカバーすることは難しく，どのようなスキルを優先するかという難しい課題が残されることになります。

　こうしたことを検討する上では，以下のようなスキルマトリクスを自社の経営をもとに作成して検討し，また株主総会招集通知等で開示することが有益です。

取締役候補者が有している専門性

取締役候補者		企業経営	法務・リスクマネジメント	財務・会計	ITデジタル	製造・技術研究開発	マーケティング営業	グローバル
中田 卓也		●			●	●	●	●
山畑 聡			●	●				●
福井 琢	社外		●					
日髙 祥博	社外	●		●				●
藤塚 主夫	社外	●	●	●				●
ポール・キャンドランド	社外	●					●	●
篠原 弘道	社外	●			●			●
吉澤 尚子	社外	●			●	●		●

（出所）ヤマハ2022年 6 月開催株主総会招集通知20頁

Q4　社外取締役候補として外国人を検討する際の留意点

外国人を社外取締役候補として検討する必要がある会社は，どのような会社ですか。また，人選に際して留意すべきことは何でしょうか。

A 現在海外にビジネスを展開している会社や，将来海外ビジネスを予定している会社は，業務執行取締役や社外取締役に外国人を選任することが重要です。また，海外の株主が多い上場会社も外国人社外取締役を選任することが望ましいでしょう。

外国人取締役を選任するにあたっては，自社のビジネスとの関係を考慮して国籍，性別，職業等の様々な要素を取締役会全体のバランスを取るよう検討しなければなりません。次に，実務の観点から，日本語が堪能かどうか，堪能でない場合の対応が可能かという検討も必要です。また，日本の取締役よりも報酬水準が高いことに留意する必要があります。

このように，外国人取締役の重要性は知られているところですが，実際に選任する場合のハードルは決して低くはありません。

解　説

1　外国人取締役選任の必要性

(1)　ダイバーシティ

ビジネスの意思決定をする上では，企業の持続的成長に必要なイノベーションやリスクを把握してその対応を決定することが重要です。しかし，同質の取締役だけではイノベーションは起きにくく，またリスク把握の能力などに限界が生じます。そこで，取締役会のダイバーシティを進めることで，多角的なイ

15

ノベーションとリスク対応能力に多様性をもたせることが必要となります。

　外国人取締役は，独立社外取締役であっても業務執行取締役であっても，取締役会にダイバーシティをもたらすため有益な側面があります。

(2)　「肌感覚」

　海外には，当該国に長期間滞在したり生まれ育ったりした経験がなければわからない「肌感覚」があります。国民性，宗教，気候，その他の要素は，机の上の議論だけでは把握できず，日本で生まれ育った者は十分に理解できないため，情報としては不完全です。そこで，これらの要素を自社のビジネスに反映させるためには，会社の意思決定の場面に，「肌感覚」をもつ取締役が関与することが重要となります。

　この関与については，海外進出を決定・継続・撤退するという大きな会社の経営方針の検討・決定の場面や，具体的業務執行の場面で必要となります。したがって，社外取締役についても，業務執行取締役についても，「肌感覚」をもった取締役は貴重です。こうしたことから，投資先の国の出身者である取締役を選任することで，経営の意思決定に際して「肌感覚」を反映させることが可能となります。

(3)　投資家としての感覚

　上場会社としては，株価を維持・上昇させ，また必要な資金を調達できるよう，株主の層が厚く，特定の株主に偏らないことが好ましいことも少なくありません。そのためには，外国人投資家の投資を受けることも選択肢となります。この場合，外国人投資家の思考等の傾向を的確に把握し，自社が対応可能かどうか，また対応可能な者の中で外国人投資家が投資をしたくなるようなIRや事業展開などの企業活動を行うことで，より外国人投資家の投資を招くことも可能となります。

　外国人投資家の思考等を的確に把握して上場会社の意思決定に反映させるためには，外国人である取締役の存在が好ましいでしょう。もっとも，資金調達や株主構成の関係から，必ずしも外国人投資家の感覚が取締役会に必要というわけではないので，上場会社としては，投資家の目線が必要であるとはいえ，東証スタンダード市場上場会社のような場合，海外投資家としての視点は必ずしも必要とはいえず，業務執行者や業務執行の監督者としての素養と比較すると，必要性は低いでしょう。

2　実務的な問題

　外国人取締役を選任する場合，以下のような環境整備が必要です。出身地に駐在して取締役会や株主総会時に来日する場合であっても，以下のような一定の配慮は必要です。

(1)　言　語

　取締役会の資料作成や取締役会の会議において通訳が必要となります。この通訳は，ニュアンスも正確に翻訳しなければならないため，決してハードルは低くありません。役員全員が英語を理解していればよいという見方もありますが，たとえば，非英語圏出身の外国人取締役と日本人が取締役会において英語で議論をする際に正確さを期待できないことがあったり，英語が堪能な取締役でも自らの考えを的確に英語で表現できなかったりするという問題もあります。

　すると，外国人取締役の主たる言語，当該取締役が参加する会議体の数，他の役員が外国人取締役の話す言語を理解できるか，語学が堪能な翻訳スタッフが充実しているか，等々会社において適切な人選と補助態勢が必要となります。もっとも，当該国に事業進出をしている会社においては，資料や会議の翻訳が必要に応じて行われているはずであり，そういった翻訳等が負担になるのであれば，そもそも当該国への進出自体を見直すことが必要かもしれません。

　この他に，社内用語を可能な限り英語としてしまう方法もありますが，取締役会の議案や議事録などの法定書面は日本語でなければならないと解されますので，翻訳の手間が全く不要ということにはならないものと思われます。

(2)　習慣，宗教等

　出身国が違うことによって，習慣，宗教，食事等も神経を使うことになります。たとえば，イスラム教信者の外国人取締役であれば，礼拝のための時間や場所，ラマダン月の対応やその他の配慮が必要となります。

　また，生活習慣や食事の問題もあります。たとえば，ハラール認証といった宗教上の理由による食事への対応，ヴィーガンの程度に応じた食事への対応，等々神経を使うことは少なくありません。

　もっとも，こうした習慣，宗教，食事等に対する配慮ができないようであれば，当該国へのビジネス進出は再検討したほうがよいとも考えられます。

3　報酬水準

　外国人取締役，特に欧米でビジネス経験が豊富な外国人取締役は，日本人取締役と比べて報酬が高額となります。実際，報酬体系が日本人取締役のものは適用できない例が多くあります。

　その理由としては，海外の取締役は，日本の業務執行取締役と異なり従業員の報酬体系とは連動していないことが挙げられます。また，為替の問題や日本の物価は海外の物価よりも安く，日本の報酬水準では，外国人取締役が海外で生活しようとすると，生活水準の維持は困難となるという事情もあります。また，住宅に関する感覚も出身国によって差があり，外国人取締役の要求する日本における社宅が広く，非常に高価となる例も少なくありません。

4　現実的な問題

　上記のとおり，外国人取締役を選任して職務を執行してもらうためのハードルは決して低くはありません。そのため，日本語が堪能であったり日本のビジネスに通暁していたりする外国人取締役が，複数の上場会社の社外取締役を兼任し，また，任期が終了すると別の上場会社から声がかかることも少なくない，といった現実があります。

Q5　外国人社外取締役と通訳

外国人を社外取締役に採用することを決定した場合であって，当該取締役が日本語が堪能でない場合，通訳に際してどのような点に留意するべきでしょうか。

A まず，書面における翻訳においては，日本のビジネスと自社のビジネスに通暁し，かつそのビジネスを特殊な用語も含めて適切に英語に変換して文書に落とすことが可能な人材が必要です。その際，外国語版と日本語版の2種類の書類を作成するなど，多言語の書類をどのように作成するか等のノウハウも重要です。

また，取締役会等の会議における翻訳の場合，日本のビジネスおよび自社のビジネスについて通暁していることが必要ですが，その際，日本語における同音異義語や慣用句等を正確に当該外国語に翻訳し，また，外国語についても多数の意味をもつ単語や熟語の正確な翻訳，慣用句等への対応が重要となります。

解　説

1　翻訳が必要な場面

翻訳が必要な場面は，大きく分けて文書作成と，当該取締役との会話の翻訳です。

文書作成は，取締役会や指名・報酬委員会（任意の委員会を含む）等の会議体に必要な資料と議事録の作成や，会社と当該取締役との間の通信等に際して必要となります。

会話については，取締役会や指名・報酬委員会等の会議体における会議時の翻訳に加え，事業所の視察，監査人対応等様々な場面での翻訳が必要となりま

す。この他に，生活のための翻訳が必要なことも想定されます。

2　文書の翻訳

　取締役会等の会議体においては，事前に資料を作成して会議前に取締役に提示し，当日はその資料をもとに議論や意見交換をして，報告，審議，議決が行われます。そして，その議事の要領と結果が議事録に記載されます。

　外国人取締役が選任されている以上，当該取締役が堪能な言語に翻訳した資料が必要であり，また，作成された議事録についても，同様に堪能な言語に翻訳して作成し，それに加えて，当該取締役による加除訂正があった場合には，当該加除訂正について日本語に翻訳して他の役員の確認を受けることが必要となります。

　実務的には，取締役会資料の作成にも時間が必要ですが，それに加えて翻訳にも時間が必要となります。そのため，資料作成の時間や会議体のスケジュールについて適正な調整をしたり，思い切って資料の量を削減したりすることも検討する必要があります。

3　会話や議論の翻訳

　会話や議論の翻訳では，その雰囲気やリアルタイムさ，迫真性を損なわないような翻訳が必要となります。むろん，正確さも必要ですが，同音異義語や複数の意味をもつ単語，慣用表現など，翻訳を正確に行うためのハードルは高いのが実情です。これらをタイムリーに正確に翻訳しなければ，取締役会等の機能が減殺されることになります。

　また，外国人取締役との会話の翻訳については，日常的な会話や食事会，懇親会等における翻訳など，その機会は少なくありません。こうした機会における会話も重要なことから，通訳を欠かすことはできないことになります。

4　人材の確保

　上記の要素を満たす人材は少ないのが実情です。日本語と当該外国人取締役の出身地や主要言語に堪能であること，業界に通じており業界特有の単語に堪能または習熟速度が速いこと，など様々な能力が必要となります。

　しかし，特定の少数の人材に当該職務を行わせると，こうした者の退職や病気，休暇等に対応できないことになります。そのため，複数の人材により，翻訳体制を整備することが重要となります。

　もっとも，こうした翻訳が可能な人材が十分育っていなければ，外国への事業進出は，言語や文化等に対応できていないことが想起され，高リスクであることにも留意する必要があります。

第2章

社外取締役との間の情報の授受

Q6 就任直後の社外取締役に伝えておくべき情報

社外取締役に，就任直後に自社（グループ）について，具体的に知っておいてもらう必要がある情報は何でしょうか。

A 社外取締役は，通常，就任前に公表資料によって一定程度の情報は取得しています。

そこで，公表資料にはない社内の実質を理解してもらうことが重要となります。その要素は，ヒト（組織全体，役員，幹部職員，会計監査人等），モノ（商品，サービス，現場等），カネ（経理システム，入出金ルール，会計監査関連等）と分類するとわかりやすいでしょう。

ただし，社外取締役に一度に理解してもらうことは無理なので，適時適切なタイミングで情報提供をすることになります。

解 説

1 公表情報

社外取締役は，就任前に会社の公表情報を取得して検討し，その上で社外取締役に就任していることが通常です。そのため，公表資料の内容の概要はすでに頭に入っているでしょう。

たとえば，自社webサイトで会社の提供する商品やサービスを把握し，有価証券報告書を読んで，決算内容やコーポレート・ガバナンスなどの非財務情報については知っているでしょう。その他に，株主総会招集通知，コーポレー

ト・ガバナンス報告書や適時開示事項等についても，一定の情報がまとまっているので，目を通しているでしょう。

ですから，こうした事項を改めて新任の社外取締役に提供する必要はありません。そうではなく，公表資料からはうかがい知ることができない，社内の情報を提供することが大切です。

2　社外取締役に知ってもらいたい情報

会社組織は，様々な要素で成り立っています。これを，自社なりに整理して社外取締役にその概要を把握してもらうのです。ただし，その会社ごとに異なる要素が多いので，以下のとおり，筆者なりに分類してみました。

よく会社や組織などの経営資源を「ヒト・モノ・カネ」と表現していることから，これらに沿って整理してみます。

(1)　ヒ　ト

会社を構成する要素として，ヒトは不可欠です。この「ヒト」については，会社との関係で整理すると，委任契約に基づく役員（執行役員），雇用契約に基づく社員，そして各種契約に基づく取引先，資本関係に基づく株主や投資家，そして直接契約関係にはない近隣住民等が考えられます。

こうした「ヒト」の概要を把握するとともに，重要人物（キーパーソン）との間では，十分なコミュニケーションを取ってもらったほうがよいでしょう。

ただし，コミュニケーションの頻度や内容は，その相手によって異なります。たとえば，役員は最低でも取締役会等で毎月のように，多いときは毎週のように顔を合わせるでしょう。しかし，取引先は，社外取締役が業務執行を基本的に行わないことから，コミュニケーションの機会はほとんどないでしょう。社員については，幹部職員との意見交換が時には必要かもしれませんし，現場の雰囲気を知るために最前線の社員とのコミュニケーションがあったほうがよい

場もあります。株主や投資家については，大口の投資家等から面談（エンゲージメント）を求められるかもしれませんので，その機会に会って個性を把握することも考えられます。

(2)　モ　ノ

　会社における「モノ」は大きく分けると商品やサービスといった流動資産や，土地建物といった不動産や工場設備，また賃借設備などの固定資産があります。

　流動資産の確認については，倉庫を案内したり，自社製品を利用してもらったりすること，また実地棚卸に立ち会ってもらうことで，社外取締役の施設見学の機会も兼ねることになるでしょう。工場や各種設備などについては，実地訪問をすることで，知識を充実してもらうことが必要です。

(3)　カ　ネ

　「カネ」については，会社が保有している現金を確認するのではありません。会社がどのように収益を得て利益を計上するか，あるいは支出をするか，その仕組みを把握することが重要です。そのため経理システムや売上の計上時期，入出金ルールその他のお金にまつわる社内ルール，そして会計監査の状況を知ってもらうことになります。

3　情報提供の時間

　社外取締役にこうした社内の情報を把握してもらうことは重要ですが，社外取締役は非常勤であり，また業務執行者よりは報酬が少額でしょうから，安易に長時間拘束するわけにはいきません。そのため，優先順位を検討したり，何かの折についでに情報提供したりということも検討することになります。

　設備面では，たとえば，工場見学は就任間もない時期のうち，繁忙期を避けて機会を設けることがよいでしょう。たとえば6月総会の会社の場合，7月下

旬から8月上旬が適当でしょう。また，倉庫等の確認は実地棚卸の機会に行うのがよく，半期または期末の監査に立ち会うことが合理的です。

　そして，従業員との面談については，工場見学の際に工場の重要人材や現場の者と会って話を聞くことで，より効率的にリアルな情報を入手してもらうことが可能となります。

　管理部門や監査部門などについては，意識的に面談の機会を設けないと実施できないこともあるでしょう。また，営業部門についても，適宜面談の機会を設けないと，なかなか実現しないでしょう。

　このように，社外取締役に情報を提供するためには様々な機会や時間が必要ですが，油断するとあっという間に1年が過ぎて再任するかどうかの時期となります。会社として，一刻も早く社外取締役に会社に慣れてもらうためには，こうした最初の情報提供が重要です。

Q7　社外取締役の窓口部署

社外取締役の窓口になるのは，どの部署がよいでしょうか。

A　必ずこの部署，という決まりはありません。各社の態勢にもよりますが，秘書部門，経営企画部門，法務部門，総務部門，監査部門などが考えられます。
ただ，どの部署であっても，業務執行取締役との違いが大きいことに留意する必要があります。
また，監査（等）委員である社外取締役の窓口は，内部監査部門または監査（等）委員付スタッフが専属することになることが通常です。

解　説

1　窓口となる部署

　社外取締役は非常勤であることがほとんど（常勤社外取締役監査（等）委員は例外です）ですから，自ら情報収集をすることは事実上不可能です。また，非常勤であり在籍経験がなく，社内の人脈もほとんどありません。そのため，社外取締役が会社の様子や業務執行の内容その他のことを知りたい，その目的のために書類やデータを見たいときにどうやれば書類やデータにアクセスできるか，また面談したい役職員がいるときに誰に頼めば面談がセッティングされるか，といったことについて，常勤役員や社員等に依頼しなければなりません。

　実務上は，こうした社外取締役の依頼を受けるべき窓口が必要となります。

　逆に，役員や社員が社外取締役との面談を希望したときや，毎回の取締役会の資料等を提出する事務，取締役会の議案や報告事項の説明を事前に行う，等々，社外取締役へのアクセスの窓口も必須です。

2　窓口の機能

　窓口の機能は，前述のとおり，社外取締役の依頼を受ける機能と，社外取締役に会議や面談等の連絡をしたり書類の作成を依頼したりするなど，役職員から社外取締役への連絡を取り職務を進める窓口の機能と，2通りあります。

(1)　社外取締役に対する依頼を取り次ぐ窓口

　業務執行役員や社員から社外取締役に対して，書類等を提出したり，面談を設定したりといった社外取締役とのコミュニケーションを取りたいという要望もあるため，これに応える必要があります。

　たとえば，取締役会の報告事項や決議事項，意見交換をする事項の書類を事前に送付したり，取締役会の議事録の原案の確認を求めたり，経営会議議事録等重要な意思決定機関の議事録を提示したりする，といった中継地点の役割もあります。

　また，M&A等の重要な業務執行に関する経過報告や節目節目の意見交換，複雑な案件に関して事前に説明をして意見を求める機会，抽象的な経営に関する意見交換，また，肩の凝らない懇親の機会など，取締役会ではない面談の機会は多くあります。そこで，こうした面談の機会について，日程を調整して必要な資料を準備したり，また懇親会場を設定したりするなど，窓口が果たす役割は大きいものです。

(2)　社外取締役の依頼を受ける窓口

　社外取締役は，会社の様子や会社の属する業界のことを詳しく知っているわけではありません。知っていないからこそ，客観的に業務執行に対する意見を述べるなど業務執行の監督をすることが可能となります。

　しかし，業務執行の監督は，取締役会の資料を事前に読んで取締役会で質問して回答を得るだけでは，情報が不足するなどの不都合があるので，十分には

行うことができません。そこで，さらに情報収集をしたり，役員と協議や意見交換をしたりする必要があり，それらを実効化させるためには窓口の存在が不可欠です。

① 会社の現況を把握したい場合

会社の営業，製造，開発，経理，監査などについて社外取締役が把握することを希望することは少なくありません。特に，就任直後，熱心な社外取締役は，こうした現場の見学やシステムの説明を求めるでしょう。すると，現場を訪問したり業務の仕組みを説明したりする社員の手配などは，どの事業所が適切か，誰が説明することが適切か，等々の要点があり，社外取締役だけで実施することは不可能です。

そこで，窓口となる部署が，社外取締役の要望を整理して，その要望を実現できる最も適切な部署を選択し，その部署と適切な連携をしながら実現することが必要となります。

② 社員との面談を希望する場合

社外取締役が社員との面談を希望する場合も少なくありません。この場合，どのような趣旨で面談を行うかを整理し，適切な社員と連絡を取り，スケジュールを調整する必要があります。このとき，社員の立場からは突然社外取締役から会いたいといわれるため，驚くことや戸惑うことも予想されます。また，実際の面談で話が噛み合わなくなる可能性もあるかもしれません。

こうした事態にならないよう，窓口で，社員に対して社外取締役の面談の目的や必要な資料等の事前準備を促すこと等，円滑かつ有効に面談が行われるような対応が求められます。

また，業務担当取締役や執行役員の中には，部下である社員と社外取締役が面談することについて，何も知らないまま進むことに不満を抱く方もいるでしょう。そのようなトラブルとならないよう，事前の根回しも大切です。

③　具体的な調査を希望する場合

　特定の業務に関する調査を社外取締役が希望することがあります。たとえば，重要案件であるM&Aや大型の投資案件に関する説明など，重要な業務執行に関する書類等を確認したいという要望は十分考えられます。

　そこで，こうした社外取締役の希望に沿った書類やデータを適切に抽出して提示することができるよう，担当部署と連携を取ることが窓口の役割となります。

　ただし，社内不正が疑われる事例のような，資料が容易に入手できない事態も想定されます。こうした場合，社外取締役の要望にどう応えるかは難しい問題です。また，窓口としては，業務執行取締役の不正に関して調査をしたい旨の依頼を受けた場合は，業務執行取締役と社外取締役の間で板挟みになる可能性があるといったことも，難しい問題となります。

④　その他

　その他に，社外役員だけの会合（エグゼクティブ・ミーティング）や，社外取締役と社外監査役の意見交換会といった，様々な会合の調整も必要となるでしょう。

3　監査（等）委員である社外取締役の窓口

⑴　監査（等）委員である社外取締役の特殊性

　監査（等）委員である社外取締役は，社外取締役としての監督機能に加え，組織的に監査を行う必要があります。その監査の充実のためには，常勤監査（等）委員の活動の補助，監査（等）委員会に関する補助，等々を行う補助者が必要です。また，会計監査人や監査部門等との連携も重要です。

⑵　専任か兼任か

　監査（等）委員である社外取締役には，会社法上補助者が選任されているこ

とが前提ですが，補助者が常にいたほうが円滑に職務を遂行できることから，専任の補助者が選任され，補助者が窓口となる例が時々見られます。もっとも，専任の補助者が選任される会社は多いわけではなく，監査部門との兼任や総務部門との兼任となる場合も少なくありません。

　こうした兼任者は，本来の所属が監査の対象（被監査部門）となる場合，利益が相反することになるので，別の者が補助者や窓口となる必要があります。たとえば，兼任の場合，補助者の上司が業務執行取締役となることが想定されます。

　これに加えて，社内の不正等の調査を行うことを監査（等）委員会が決定して資料収集やヒアリングを調整することについては，業務執行側から「敵」と認定されて協力を得られず補助者が全く機能しない場合や，当該補助者の腰が引ける場合もあります。

　したがって，監査（等）委員の窓口は，可能であれば，監査（等）委員専任のスタッフとして，人事考課や異動について監査（等）委員会の同意を必要とするなど，その独立性に配慮することが有益です。

Q8　社外取締役の現場見学

　当社では，総務部が社外取締役の窓口を担当しています。ある日，就任直後の社外取締役から，遠方にある工場を見学したいとの依頼がありました。どのように対応すればよいでしょうか。

A　社外取締役の要望に沿って工場見学を実施することが適切です。その際，製造工程や自社製品について詳しく説明ができる担当者を同行させることが重要です。
　また，こうした機会を何度も設けることは非効率なので，社外取締役や社外監査役をまとめて案内することが好ましいでしょう。

解　説

1　工場等の営業所見学の重要性

　社外取締役は，就任直後は，自社の事業や業界に関して一通りの知識しかもっていないことが通常です。社会一般の見地から取締役を監督することが社外取締役の職務の一部であり，会社や業界のことを知りすぎていると，会社や業界に肩入れしすぎたり，社会から見ると非常識な会社や業界の「常識」にとらわれたりしてしまう可能性があり，十分な監督ができなくなってしまうからです。

　とはいっても社外取締役に就任した以上，自社の製品やサービスについて十分な知識がないと，取締役の業務執行の監督はおぼつかないでしょう。そこで，自社の工場やサービスの現場を経験する等，実際の業務執行の現場を見聞することが大切です。その際，見落としがないよう，また，不明点を解消できるよう，十分な説明が可能な社員が同行することが不可欠です。

2　効率的な実施

　いくら工場やサービスの現場を訪問して見学することが大切とはいえ，社外取締役を1人ひとり案内することは非効率です。また，社外取締役の間でもいろいろな感想をもったり話し合いをしたりするなどのことがありますから，複数の社外取締役や社外監査役で見学すれば，より会社の事業に対する理解が深まることになります（ただし，社外取締役と社外監査役の間の仲の善し悪しがある場合は，非常に気を遣うこととなります）。

　そのため，社外取締役や社外監査役がまとまって工場見学等を行うことが適切でしょう。また，工場見学後の懇親会などを通じて，社外役員の間の意思疎通を図る機会とすることも有益でしょう。

3　海外視察の場合

　前述のとおり，現場の視察は大切ですが，海外視察の場合は少々事情が異なります。場所によっては費用が高額になりますし，相当の日数が必要な場合が多いでしょう。

　これに加えて，衛生，治安，慣習，宗教など数々の配慮しなければならない問題があります。こうしたリスクが高い地域への視察は，日数や費用だけでなく様々な手配が必要となり，現場への負担が相当なものとなります。また，社外取締役に万が一のことがあったら大変です。

　そのため，視察の地域のリスクを検討し，ノウハウが蓄積されるまでは，視察のリスクが低く，また会社の事業において重要（売上，利益の規模等）な現地法人や事業所に絞って視察を行うことが適切でしょう。また，視察の際，2班に分けてリスクを分散するなどの対応も検討したほうがよいでしょう。

4　監査を兼ねる場合

　監査等委員である社外取締役が工場等の事業所を視察する場合，監査も兼ね

るものとして考えることが大切です。そのため，監査等委員会で監査計画を立て，その一環として現場を視察することになります。たとえば，予告監査を行うのであれば，監査のテーマ，目的，監査対象等を明確にし，現場にあらかじめ書類等を準備してもらうことが必要です。

　一方，抜き打ち監査も場合によっては必要なので，現場に予告をせずに監査を行ったり，書類を現場に準備させるのではなく監査等委員や監査等委員会スタッフが自ら書類の所在場所に赴いて必要な書類をチェックしたりするなどの活動が必要です。また，当日所在している従業員等へのヒアリングも必要でしょう。

　そして，現場の見学は，監査の終了後に行うこととなります。

Q9 社外取締役の報告（不正・不祥事発見）への初動対応

社外取締役から，会社の不正・不祥事らしきものを発見したので，どうしたらいいかと相談されました。どのように手順を踏むことが適切でしょうか。その際，スタッフとしては，どのようなことをすればよいでしょうか。

A まず，社外取締役は，監査役（会）または監査等委員（会）（以下，本書では「監査役等」といいます）に報告をしなければなりません。そして，監査役等で協議を行い，取締役会に報告するかどうか決定してもらいます。

監査役等が取締役会に報告することになれば，監査役等を通じて代表取締役等に取締役会を招集してもらい，監査役等から取締役会に事実関係等を報告してもらいます。

取締役会に報告をする前に監査役等にて調査等を行うことが決定されれば，監査役等に調査を任せることになります。

なお，社外取締役が監査等委員の場合，監査等委員会において十分に審議をした上で，監査等委員会の決議に従って行動することになります。

スタッフとしては，取締役会決議や監査等委員会の決議に従って，調査等が進むようサポートすることになります。

解　説

1　社外取締役が不正を発見する可能性

　社外取締役は，通常は非常勤であり，社内情報に直接接する機会がほとんど

ないことから，不正や不正の端緒を発見することはまずありません。しかし，社内の不正を発見した社員が，常勤役員に相談しても握りつぶされる可能性が高いが社外取締役なら取り上げてくれるだろうと期待して，社外取締役に連絡を試みることが考えられます。仮に内部通報制度があれば，社外取締役はその制度に沿って不正等の端緒をつかむことになります。内部通報制度がなくても，電子メールでの通報や社外取締役の常勤勤務先へ電話等により通報することがあります。こうした場合，社外取締役は，好むと好まざるとにかかわらず，不正の端緒をつかんでしまうことになります。

　また，社外取締役は，常勤役員と異なる経験や知見をもつため，現場を調査したり書類等を確認したりする際，疑問をもち，それが不正の端緒の発見につながる可能性もあります。

　不正の端緒らしきものをつかんだ社外取締役としては，善管注意義務を負っている以上，握りつぶすことはできません。すると，まずは，会社法（357条）の定めに従って，監査役等に報告しなければなりません。

2　監査役等による検討

　取締役から報告を受けた監査役等は，監査役会や監査（等）委員会を開催して，不正の端緒らしきものに対する方針を決定します。不正等のおそれが高いときは取締役会に報告することになります（会社法382条）が，事実関係が不明確でさらなる調査が必要と判断した場合や，取締役会に対する上程の方向性について検討が必要な場合には，さらなる調査や検討等を行うことになります。

　さらなる調査が行われるとしても，その中心は専ら監査役等となるため，社外取締役が調査や検討に加わることは，基本的にはありません。もっとも，社外取締役に対する通報が端緒となり，社外取締役と通報者に信頼関係があり事実調査に社外取締役が関わることが重要な場合は，調査に加わることがあるかもしれません。

　社外取締役スタッフとしては，こうした調査では監査役等が主導権を握ることから，監査役等や監査役会等のスタッフと足並みを揃えて動くことになります。その際，取締役，特に事情を知らない常勤取締役に対しては，監査役等の許可がない限り情報を提供してはならないことになります。

3　取締役会での検討

　監査役等から取締役会に報告がなされた後は，社外取締役は，必要があれば不正の端緒をつかんだこと等について説明をするとともに，どのような対応を取ればよいかについて意見を述べ，決議に参加することになります。

　スタッフとしては，通常の取締役会での職務と同様です。

4　社外取締役が監査等委員の場合

　社外取締役が監査等委員の場合，業務監査権限を有する監査等委員会の一員として，まず，監査等委員会に報告をすることになります。そして，監査等委員会において調査を行うか，取締役会に報告をするか，等を検討することになります。

　そして，監査等委員会が調査を行うことになった場合，監査等委員である社外取締役が調査を行うことは，監査の一環として特段問題ありませんので，スタッフとしては，調査が行われる場合はその補助をすることになります。

　また，取締役会へ報告をすることとなった場合は，報告資料等をまとめて作成・提出することが必要です。

Q10　社外取締役の調査権限

　当社では，秘書課が社外取締役の窓口を担当しています。ある日，社外取締役から，突然売上が伸びた部署の取引について調査をしたいので，担当者から直接話を聞きたいとの依頼がありました。秘書課長としてはどのように対応することがよいでしょうか。

A 社外取締役には，会社法上，監査や調査の権限が付与されているわけではありません。そのため，業務執行取締役と調整の上調査を行うことが原則となります。
　ただし，不正が疑われる場合は，監査役等に報告をした上でどのように調査をするかを監査役会と調整することになります。

解　説

1　社外取締役による調査

(1)　社外取締役単独の調査の可否

　社外取締役は，適切に情報を収集することで他の役員等と意見交換をし，取締役会をはじめとする各種合議体で発言や質疑応答を行った上で意思決定に参画しなければなりません。そのため，適切な情報を収集して上記の職務を執行することが大切です。しかし，その情報収集は，会社の役職員がもたらす情報だけでは不十分なこともありますから，独自に調査を行うことを希望することもあるでしょう。

　この点，社外取締役が社内において情報収集目的で一定の調査を行うことは，会社法上特段禁止されていませんが，その一方で，調査権が法令上認められているわけではありません。そのため，社外取締役による調査は，基本的には，業務執行取締役や執行役員，また従業員の理解を得た上での調査となります。

(2) 社外取締役が調査を行う場合の手続

社外取締役には，単独で調査や監査を行う権限が会社法上認められているわけではありません。そのため，円滑に調査が進むよう，通常は，常勤取締役や執行役員等の事前の了解を得るなど，しかるべき手順を経て，後にトラブルとならないように手配をした上で，独自の調査を行うことが必要です。そのため，社外取締役スタッフとしては，社外取締役と常勤取締役等との調整を行うことになります。

そして，調査の際には社外取締役の要望に従い，スケジュール調整，部屋の確保，資料の準備，記録化などを行うことになります。

2 不正の兆候が現れた場合

(1) 常勤取締役等に言えないことも

社外取締役が独自に調査を行うことは，滅多にありません。通常は業務執行取締役との関係が円滑であり，業務執行取締役は情報を隠さず社外取締役に報告するでしょうし，社外取締役も，情報がすべて報告されていると考えているでしょう。

すると，社外取締役が自ら調査を行うということは，業務執行側から十分な報告や資料が上がっていないと社外取締役が感じているなど，追加要求をするのではなく独自調査を選択した理由があると想像されます。

その理由として考えられるのが，業務執行者による不正の兆候があると社外取締役が危機感を抱いたときです。社内で不正が発生した場合，業務執行者を巻き込んで不正が隠匿されることが少なくありません。すると，隠匿されることによって，早期に発見することで不正による損害等が小さかったはずのものが，遅れて発覚することとなり，大きな損害となってしまうことも十分考えられます。

こうした理由から，不正の兆候を発見したときは，早期に事実確認をして，

不正の可能性が高いか否かを判断しなければなりません。ただし，こうした場合，業務執行取締役等が不正に関与している可能性があり，事前の調整が事実上困難な場合も考えられます。すると，事実上社外取締役が調査を行うことは困難となります。

(2)　監査役（会）への報告義務

そこで，社外取締役としては，不正か否かが確定していなくとも，監査役等への報告（会社法357条）をすることが必要です。そして，監査役等による協議の結果，監査役等が独自に調査を行うか，取締役会に報告をするかが決まり，監査役等はそれに沿って活動することになります。一方，社外取締役は，監査役等が調査等を行うことになり，調査から外れることから，取締役会に出席し事実関係を説明したり審議に参加したりするということが中心となります。

なお，本件では，こうした危惧を抱いた社外取締役が，業務執行者の情報隠匿を疑い，担当者に直接話を聞きたいとの考えに至った可能性があります。実際，売上が突然伸びることは通常は考えにくく，例外として，伸びた特別な合理的な理由があるはずです。その売上の伸びに対する疑問をもった場合，調査をしたいと社外取締役が考えることはもっともなことです。

しかし，社外取締役には，監査等委員である場合を除いては調査権限がなく，また，本件のような会計上の問題は，監査の重要な項目でもありますので，社外取締役が疑問をもっても，まずは監査役等へ報告の上，監査役等に対応を任せることが必要です。

もっとも，常勤監査役が社長等の業務執行取締役と通謀して隠匿する可能性が疑われることがあるかもしれません。その場合は，独立性の高い非常勤の社外監査役に話を通すことが現実的な対応となります。

社外取締役スタッフとしては，上記のとおりの対応を社外取締役に勧めることになります。なお，こうした対応は，業務執行取締役が不正に関わっている

可能性があるので，取締役会に上程される前は，密かに行われることが重要な場合もあり，業務執行取締役との関係では秘密を維持することが大切です。

　そして，監査役（会）と協議の上，通常は監査役が監査の一環で調査をすることになるでしょう。

(3)　社外取締役による調査

　実務上は，社外取締役が調査委員会の委員に就任することもありますが，その際は，取締役会決議がなされますので，社外取締役による調査は適正な権限行使となります。そして，社外取締役が調査をすることになれば，具体的に，通常の職制を通じて面談や資料閲覧をするのか，自らが面談や資料閲覧をするのかを社外取締役や社外監査役と協議の上決定し，手配することになります。また，社外取締役に，面談を行う際に記録を取ったりするなどの援助がどこまで必要か等の確認も重要です。

3　監査等委員である社外取締役の場合

　監査等委員である社外取締役による調査（会社法399条の3）の場合，「監査」の性質を帯びることになります。特に本件のような会計問題に関する調査の場合，「会計監査」と「業務の適法性監査」の性格をもっているといってもよいでしょう。また，違法ではなくとも，「業務の妥当性監査」の面を併せもつことになります。したがって，監査等委員（会）が調査をする権限を有することになります。

　もっとも，監査等委員会設置会社では，監査等委員である取締役が単独で監査や調査を行う権限はありません。したがって，監査等委員会の決議により，担当監査等委員が決まり，調査を行うことになります。

　この場合，監査等委員会スタッフと連携の上，調査を行ったり取締役会への報告を準備したりすることが必要です。

Q11　社外取締役の子会社への調査権限

　社外取締役から，業績が急に回復した子会社の役員会の議事録や決算書を見たい，また子会社の役員や職員から直接話を聞きたい，という希望がありました。

　社外取締役がこのような調査を行ってもよいのでしょうか。

A　社外取締役が子会社の調査を行うことについては，会社法上の特に認められた権限はありません。そのため，実務上は，常勤取締役等の了承を得て，さらに，子会社の役員の承諾も得た上でなければ，調査は実施できません。

　なお，監査等委員である社外取締役が，監査等委員会の決議により選定されれば，子会社の調査を行うことはできますが，子会社に正当な事由があれば拒否をすることができます。

解　説

1　子会社調査権の有無

　社外取締役には，会社に関する調査権が会社法上明文では認められていません。ましてや，別法人である子会社の調査を行う権限についてはなおさらです。

　ですから，実務上は，社外取締役が子会社の調査を行う場合は，業務執行取締役や子会社担当取締役の承諾を得て，さらに，子会社の役員の承諾を得た上でなければ調査を行うことはできません。こっそり調査を行うと，後にトラブルとなる可能性もあります。

　ただし，親会社側の役員が調査を認めたにもかかわらず，子会社役員が調査を拒否した場合，時には不正があるという疑いをもつことにもなります。こうした場合，まずは監査役（会）へ報告します（会社法357条）。また，社長等の

業務執行取締役と協議をすることも考えられます。場合によっては，取締役会で協議の上全社的に対応しなければならないことがあるかもしれません。なお，取締役間で協議をする際，親会社における当該子会社の担当取締役については，不正に関与したり見逃していたりする可能性があるので，どの程度関わるか，それとも特別利害関係者とするかは非常に難しい問題になります。

2　社外取締役が監査等委員である場合

(1)　子会社調査権

　社外取締役が監査等委員である場合，監査等委員会の構成員として，監査等委員会の決議によって選定されれば，取締役や従業員から報告を求めたり，会社の業務および財産の状況の調査を行ったりすることができます（会社法399条の3第1項）。さらに，子会社についても調査権があり，同様の調査を行うことができますので（同条2項），子会社の取締役や従業員から報告を求めたり，会社の業務および財産の状況の調査を行ったりすることができます。ただし，調査等について監査等委員会の決議が付帯していれば，これを遵守しなければなりません（同条4項）

(2)　子会社の拒否

　ただし，子会社は，正当な理由があれば調査を拒むことができます（会社法399条の3第3項）ので，調査を拒否する場合があります。

　もっとも，子会社が親会社監査等委員の調査を拒否する場合の理由は，必ずしも正当なものとは限りません。そこで，正当な理由について明確に記載した書面とそれを根拠づける証憑の提出を受け，監査等委員会に持ち帰って内容を検討することになります。

　そして，正当な理由があれば調査を断念しますが，そうとは限りません。近時は，会計不正や品質偽装の不正などが，子会社において行われることも珍し

くありません。調査による発覚をおそれて調査を拒否することも考えられます。そこで，調査に応じない場合，まずは，監査等委員全員が子会社の社長や会長と協議の上，調査を認めるよう説得します。

　しかし，説得に応じない場合も考えられます。この場合は，取締役会に対して調査拒否の事実や正当な理由がないことを報告の上，子会社についての株主総会を開催して調査を拒否した役員を解任するなどの手段を講じなければならないこと等を，監査等委員会の結論として取締役会に提案することになります。

3　親子会社間契約による明確化

　親会社取締役の了承を得て調査をしたり，監査等委員会の決議に基づく調査を申し入れても，子会社から正当な理由があるとして調査を拒否されることは，内部的な紛争でもあり，決して好ましいことではありません。

　そのため，親子会社間契約を締結した上で，以下の事項をあらかじめ定めておくなど，親子会社間の対立が発生しないように工夫することが必要です。たとえば，子会社が親会社に定期的に報告書を提出することを義務づけ，親会社が子会社に対して報告を求める事項について列挙したりするなど，まず，報告義務と，その際報告しなければならない事項を明確にします。次に，調査を拒否できる場合を限定的に列挙し，これ以外の理由については調査を拒否することができない等の正当な理由についての明確化を図ることも重要です。

　この他に，定期的な調査や予告のない調査（いわゆる抜き打ち）に関する事項や，調査に際しての窓口など，調査が円滑に進むような親子会社間のルール作りが大切です。

　こうしたルール作り等は，企業グループ全体での内部統制に関する事項としての機能をもちます。そのため，取締役会において，親子会社間契約を整備することを提案してみてもよいでしょう。

Q12 社外取締役と懇親会

社外取締役が，常勤取締役と，あるいは社外取締役同士や監査役との間で，懇親会を開くのは問題ありませんか。また，懇親会の種類によって，頻度や費用負担の面で問題はありませんか。

A 社外取締役，特に独立役員である社外取締役は，その独立性が重視されており，自らの職務遂行にあたって独立性に影響が生じたり，また独立性に影響が生じているかのように見えたりしては問題となります。

そこで，懇親会の種類，金額，回数等について独立性に疑念が生じたり支障がないような程度に抑えることが必要です。しかし，統一的な基準が定められているわけではありませんので，社内で協議をしたり情報収集を行うなど，あらかじめルールを作っておくことが適切でしょう。

解 説

1 独立性への影響

(1) 懇親会の機能

懇親会，特にお酒が入る可能性のある懇親会は，メンバー同士の心理的な距離を近づけ，また壁を取り除くことができること，信頼関係の醸成など，そのメリットは少なくありません。実際，お互いに話がしやすくなったということはもとより，信頼関係が深くなるため，厳しいことを社外取締役が発言しても，「会社のために，役員のために厳しいことをいっているのであって，悪意はない」ことが経営陣に伝わりやすい，また，好ましくない情報であっても，早めに経営陣から社外取締役に報告があげられることが多くなる，悩ましいことに

ついて相談が増える，という効果はよく聞きますし，筆者も体験しています。

(2)　職務への影響

　一方，懇親会で心理的な距離が縮まることの反動もあります。

　たとえば，社外取締役から経営陣に情が移り，厳しいことが言えなくなる，雰囲気が悪くならないよう意見や質問の表現が必要以上にソフトになりインパクトが失われるといった，監督者たる社外取締役が十分機能を果たせなくなる可能性があります。

(3)　独立性に対する疑念

　一般には，日本では取締役同士の懇親会が行われたというだけでは，独立性が失われるとは考えられていないようです。しかし，過度に懇親会等が多数回開催されたり，その金額が高額であったり，一次会，二次会，と件数が多いなどの場合は，外部から，社外取締役を取り込む動きを経営陣が行っており社外取締役がこれに応じているので，社外取締役が買収され監督の実効性が失われているのではないか，という疑いをもたれることになりかねません。

(4)　懇親会に対する考え方

　以上のことから，懇親会を開催するかどうかは，独立性に影響や疑いが生じるかどうかという点から検討することになります。

　たとえば，懇親会の種類，金額，一次会か二次会か，1日の件数，年間の回数，参加者について検討することが適切となります。

　懇親会場への移動手段でタクシーなどを使う場合の交通費については，会場，開催時間，社外取締役の年齢等にもよりますので，対外的な説明が可能か否か，との観点から決定することがよいでしょう。

2　具体的な考え方

　懇親会の適正な規模，基準等が定められたものがあるわけではありません。

　しかし，外部の信頼性の確保という観点と，社外取締役の情が移るかどうかという観点について，各社で会社の規模や経営状況を踏まえて検討して基準を決めることになろうかと思います。

　以下に，考え方を例示します。

(1)　昼　食

　飲酒を伴わないことが前提かと思います。取締役会等の会議等の時間に応じて設定されるという必然性がある場合で，2,000〜5,000円程度の金額が適切ではないでしょうか。

(2)　宴　会

　飲酒を伴う会合には，役員および幹部職員が出席するものと考えられます。このときの内容としては，コンパニオン等の接客がないことが重要です。金額は，2万円以内が適切ではないでしょうか。また，懇親の趣旨等を考えると，一次会のみ，会社が費用を負担することが認められると思われます。

　開催回数としては，暑気払いや忘年会といった，年2回程度が合理的かと思われます。

(3)　宿　泊

　経営計画の策定など，まとまった時間を確保して徹底的に議論するために，宿泊を伴う会議をすることも有効です。その場合，守秘義務を確保できる会場であること，ゴルフや観光が目的とならないこと，飲食時にコンパニオン等の接客がないことなど，内容が重要となります。金額については，上記の要件を満たす会場となるため，会場や日程次第であることから，明確な金額基準を設

けることは難しいかもしれません。

　回数は，年1回が合理的かもしれませんが，役員の予定が合いにくいこと，特に社外取締役の予定が合いにくいことを考えると，年1回の開催すら難しいかもしれません。

⑷　ゴルフ

　ゴルフは，1日を通じて同じ組内で親しくなる機会として貴重であり，プレーを通じてお互いの人柄を把握したり，パーティーで懇親を深めるなど，独自のメリットがあります。しかし，費用が高額になりがちです。

　そこで，プレー代は各自負担，コンペパーティーは会社負担といった区分けでメリハリをつけることが大切かと思われます。

　また，役員や幹部職員だけでない社員が参加するのか，取引先が参加するのか，等々によってもゴルフの趣旨が変わってきますので，柔軟な対応が必要です。その際，社外取締役の独立性に影響を与えない，という大原則を忘れないことが肝要です。

　また，回数についても，気候の穏やかな春と秋に1回ずつくらいが適当ではないでしょうか。

Q13 社外取締役による研修

社外取締役にその専門分野を活かして，常勤取締役・社外取締役等向けの社内研修の講師をお願いしてもよいのでしょうか。

A 社外取締役の職務は業務執行取締役の監督が基本です。また，監査等委員である社外取締役の職務は，これに監査の職務が加わります。したがって，社内研修の講師は，社外取締役の本来の職務ではありません。

また，社内研修は，役員や職員の能力の向上やコンプライアンス意識の涵養といった業務執行となりますので，社外取締役が行うことは，原則としてできないことになります。

解　説

1　社外取締役の専門性を活用したい

社外取締役は，会社内の人材がもち合わせていない，経営，法務，会計等の専門的知見を有していることが通常です。そのため，こうした専門性を会社の事業に活用したい，役員報酬をすでに支払っているのだから，これを活用しない手はない，社内研修の講師にして専門的知見を分けてもらおう，と考える方もいるでしょう。

しかし，社外取締役の職務に社内研修の講師は含まれているのでしょうか。

2　社外取締役の職務

(1)　職務の本質

社外取締役の職務は，会社法やCGコード，また証券取引所規則からすると，業務執行取締役の監督が基本となります。その職務は，取締役会での審議およ

び採決を中心に，法定または任意の指名委員会における取締役の信任・再任・不再任・解任を通じた監督，および報酬委員会における業務執行取締役の報酬決定等を通じた監督を行うこととなります。監査等委員である社外取締役は，これに加えて業務監査および会計監査人を通じた会計監査が職務となります。

(2)　専門性をもつ社外取締役

　社外取締役は，社内の人間関係や取引関係とは独立した立場にあり，かつ，その経験や専門的知識を活かして会社の業務執行に対する監督を行うことが職務です。

　会社の業務執行を監督するためには，経営，法務，会計，税務等様々な専門性があることで実効性を確保できます。そこで，こうした専門性をもった複数の取締役を選任することで，社外取締役による経営の監督等の実効化・有効化を求めることが可能となります。逆に，社内研修の講師は，会社法やCGコード上は社外取締役の職務として予定されていません。

　そうしますと，社内研修の講師は社外取締役の職務執行に含まれていないことから，その対価である役員報酬の内容にも含まれていないことになります。いい換えると，社内研修の講師の報酬を節約するために社外取締役に社内研修の講師を依頼するとしても，そのような節約は本来の職務ではないことから報酬に含まれないため，許されないことになり，実施するための適切な対応を考えれば，別途講演料を支払わなければならないことになります。

3　社内研修の意義

　社内研修は，会社の事業部門の業務執行や間接部門の業務執行を役員が自ら行い，また職員を通じて行うに際して，能力を向上させ，またコンプライアンスや会計等の知見を涵養することによって，経営効率を上げ，また業務の適正を確保することを目的としています。したがって，社内研修の講師を行うこと

は，直接外部者との取引を行わないとはいえ，そもそも業務執行に該当するものと解されます。

　したがって，社内研修の講師が業務執行である以上，社外取締役は業務執行を行ってはならない（会社法2条15号イ）こととなり，社外取締役が社内研修の講師を行った時点で社外取締役としての資格を失うといったリスクまで考えなければなりません。また，業務執行取締役の利益相反性もないことから，取締役会にて決議をしても，会社法（348条の2）上は，業務執行性を排除できないものと解されます。

4　まとめ

　以上のとおり，社外取締役の職務に社内研修の講師は含まれていないことはもとより，役員報酬の対象となっている職務にも含まれておらず，さらに，社内研修の講師が業務執行に該当すると解された場合，社外取締役としての資格を失うことになります。

　社外取締役の専門的知見を安上がりで活用したいといっても，苦労してお金をかけて探した社外取締役が社外性を失ってしまっては元も子もありません。また，社外取締役の職務と異なる業務を無償で依頼することは，招聘した社外取締役に失礼に当たります。

　お金や手間はかかりますが，社内研修の担当取締役が，外部から，（元）経営者，弁護士，公認会計士，税理士その他の専門的知見を有する方を適切な報酬で招いて，社内研修という業務を執行することが本来の姿ではないでしょうか。

Q14　社外取締役のトレーニング

CGコードには，個々の取締役・監査役に適合したトレーニングの機会の提供・斡旋やその費用の支援を行うべきとありますが，社外取締役のトレーニングについては，どうすればよいでしょうか。

A 社外取締役には，自社の製品やサービスに関する基本的事項，内部統制システムに関する事項，システムに関する事項等の自社の業務執行の監督に必要な基本的情報を提供することが必要となります。

他には，その社外取締役の専門分野以外の取締役として知っておくべき一般的な事項の社内研修があれば，その受講の機会を提供することも重要です。

その他に，社外取締役が必要として受講した外部研修の費用を負担したり，各種の団体に加入することを一定程度認めたりすることが適切です。

解　説

1　自社情報の提供

　社外取締役は，自社の事業やサービス，製品等については十分な知識がないことが通常です。また，業界の常識や慣行についても知らないことが一般的です。社外出身であることから，業務執行の監督において，自社の事業や業界に関する常識や慣行であっても，違法であったり社会通念上不適切な可能性があり，社外取締役はこうした常識や慣行を改めて見直すことについても期待されているくらいです。

⑴　自社施設・製品の見学等

　まず社外取締役に自社の事業を理解してもらうためには，自社施設や工場，倉庫を見学してもらったり，自社製品を実際に利用してもらったり，サービスを体験してもらったりすることが重要となります（Q8参照）。むろん，製品やサービスの詳細な点にまで踏み込む必要はなく，ビジネスモデルを把握してもらうことを中心とすることが大切です。

⑵　ビジネスフローの把握

　自社の製品やサービス，施設を理解した後は，ビジネスフローの把握が必要となります。顧客の需要をどのように把握し，製品やサービスを開発・改良し，顧客に販売し，売上を計上するか，という実際の製品がどのようにマネタイズされるかといったビジネスフローを把握することが必要です。

　そして，そのビジネスフローに対して，いかに内部統制を効かせているか，PDCAをどのように回しているか，会計処理がどのように行われているか，業務監査はどのように行われているか，といったことを把握することで，社外取締役の監督機能が十分に発揮されるのです。

2　一般的な研修

　自社の情報を提供するトレーニングの他に，自社をめぐる様々な法令や規制に関する研修は，社外取締役にとっても必要です。特に，法令の改正や規制の変更，行政庁の解釈等の変更があった場合は，研修が必要となります。

　その他に，同業他社や異業種の他社の不祥事の実例や，ESG，サステナブル経営等の長期的経営に関する研修なども考えられます。

　この場合は，業務執行取締役と社外取締役が同じ研修を受けることになるでしょう。

3　外部研修

　社外取締役としては，役員人事や役員報酬，また監査といった社外取締役ならではの知っておくべき事項があります。これらの事項に関する研修については，業務執行取締役は必ずしも必要がないことから，社外取締役のみが研修を受けることも珍しくありません。

　こうした場合，外部の研修に出向くことが多いのですが，有償の場合が多いでしょう。こうした有償の研修については，一時的には一定の費用がかかりますが，長期的には自社の経営の適正性のために社外取締役が適正に業務執行の監督をすることについて期待できることになるので，いわば「投資」と考えて会社が費用負担をすることが適切です。CGコード原則 4 -14は，こうしたことを念頭に置いているものと解されます。

【原則 4 -14.　取締役・監査役のトレーニング】

　新任者をはじめとする取締役・監査役は，上場会社の重要な統治機関の一翼を担う者として期待される役割・責務を適切に果たすため，その役割・責務に係る理解を深めるとともに，必要な知識の習得や適切な更新等の研鑽に努めるべきである。このため，上場会社は，個々の取締役・監査役に適合したトレーニングの機会の提供・斡旋やその費用の支援を行うべきであり，取締役会は，こうした対応が適切にとられているか否かを確認すべきである。

4　団体への加入

　近時，コーポレート・ガバナンスや会社役員のノウハウに関して情報交換をしたり，研修によってスキルアップを図ることを目的としたりする諸団体があります。筆者が知っている例として，日本取締役協会，日本コーポレート・ガバナンス・ネットワーク，産業経理協会，実践コーポレート・ガバナンス研究

会，日本監査役協会（監査等委員である取締役は入会資格があるようです）等
があげられます。

　こうした団体については，会社が加入をするか，個人加入に対して会社が会
費を負担するなどの環境を整備し，こうした団体での研修や意見交換に参加し
て情報を獲得することについての環境整備をすることも必要です。

Q15　役員向け研修への社外取締役の参加

　社外取締役は役員向けの研修に必ず参加しなければならないといった義務を負わせることは可能でしょうか。

A　会社と社外取締役との間は委任関係です。会社とは指揮命令関係にはなく，代表取締役と社外取締役の間についても上下関係や指揮命令関係にはありません。したがって，特段の事情がない限り，役員向け社内研修の受講義務を負わせることはできないでしょう。むしろ，社外取締役には，業務執行の監督者として，研修等が適切に実施されているか否かを確認・検討してもらうことが大切です。

解　説

1　会社と取締役の関係

　会社と取締役の関係は，会社を委任者，取締役を受任者とする委任関係です。取締役は，会社から委任された職務，すなわち取締役としての職務を遂行することが受任事項です。そして，職務を遂行するにあたって善管注意義務を負っています。

　そこで，善管注意義務を尽くすため，業務執行を行う取締役の場合，取締役としてのスキルの向上のため，また，社外取締役の場合，業務執行や取締役会の監督者として，それぞれ，研修を受けるなどのトレーニングが重要で，CGコード（原則 4 -14等）にも記述されています。

2　社外取締役の義務と研修の義務づけ

　しかし，社外取締役は，取締役会や業務執行の監督が主な職務であり，こう

した職務には，取締役としての善管注意義務があることから，社外取締役はその義務には従います。しかし，それ以外には社外取締役を拘束する法的根拠等はありません。また，取締役会や代表取締役と社外取締役は上下関係に立つわけではありません。そのため，社外取締役に研修を義務づけることは原則としてできません。

　ただし，取締役会において，取締役全員の賛成により取締役の研修に関する規程が定められ，その中で，研修義務を業務執行取締役だけでなく社外取締役にも課すことができないわけではありません。このとき，社外取締役の職務である業務執行や取締役会の監督と矛盾しないことが必要です。また，社外取締役は通常非常勤であることから，非常勤であることと矛盾しないことが必要となります。実際，多忙な社外取締役に研修義務を課しても，予定の重複により欠席せざるを得ないことも想定されるので，現実的ではないでしょう。

　さらに，社外取締役は，業務執行や取締役会の監督のためのスキル向上を図る必要があり，これに関する研修は業務執行取締役の研修とは全く異なるので，義務化とは無関係となります。

　このように，取締役会で決議した規程があっても，必ずしも社外取締役を拘束できないという限界があることに留意しなければなりません。

3　社外取締役の職務と研修

　社外取締役は，業務執行の監督者として，業務執行取締役や従業員に対して適切な研修を行っているかどうかを監督する立場にあります。特に，CGコード上，コンプライした場合には，役員に対する適切なトレーニングが行われているかどうかを監督する立場にある，といってよいでしょう。

　ですから，自ら研修を受けることに加えて，一歩引いた監督者の立場として社内研修に関わり，頻度，内容，出席者等について監督し，研修の年間プログラムに対して監督し，助言し，あるいは修正を求めるなどの職務を実施するこ

とになるでしょう。

4　監査等委員の場合

　社外取締役が監査等委員の場合，業務執行や取締役会の監督の他に，監査等委員会の構成員として監査業務が加わります。

　そうすると，研修に関する監査を行わなければならない立場と，研修を受ける受講側とは全く逆の立場となり，いわば自己監査にもなりかねません。こうしたことから，監査等委員である社外取締役に対して研修を義務づけることは，監査業務との調整が必要となります（ただし，監査等委員である社外取締役が情報収集のために研修の場に同席することは，特段問題は生じないでしょう）。

Q16 株主と社外取締役の面談

株主からの直接の要望があった場合，社外取締役を当該株主と直接面談させてもかまわないのでしょうか。

A 機関投資家とのエンゲージメントに社外取締役を出席させること自体は問題ありません。また，社外取締役だけで機関投資家と面談することは禁止されていません。

そして，社外取締役は，業務執行を監督する一環として，会社と株主の利益相反を監督する立場にありますので，筆頭株主や主要株主との間で対話や情報交換をすることは大切です。

ただし，社外取締役と株主や機関投資家との対話においては，可能な限り，会社のIR担当の職員やしかるべき取締役が同席することが適切です。

解 説

1 会社法や関連法規上の原則

　会社法上，株主と取締役が株主総会以外の場面で面談を行うことについては特段の規定はありません。そのため，取締役が株主と面談を行うことは禁止されていませんが，これを拒絶することも会社法上は問題ありません。また，株式を未だ購入していなかったり株主名簿に記載されていない機関投資家（の役職員）と面談することは，ましてや禁止されていませんし，また面談を拒絶することも禁止されていません。

　このように，取締役が株主の要求に応じて面談を行うかどうかは，特に規制やルールはありません。そのため，従前は上場会社と機関投資家との面談は一般的とはいえず，株主や投資家との関係に意識の高い上場会社が，機関投資家

等との面談を行っていたり，機関投資家からの強い要望があって上場会社がそれを受けていたりするくらいでした。

　最近は，CGコードやスチュワードシップ・コードが公表・実施されて，株主や機関投資家等との対話が注目されるようになり，こうした対話が格段に増加しました。

2　CG コードと機関投資家とのエンゲージメント

(1)　一般論として

　CGコードにおいては，

【原則 5 − 1．株主との建設的な対話に関する方針】

　上場会社は，株主からの対話（面談）の申込みに対しては，会社の持続的な成長と中長期的な企業価値の向上に資するよう，合理的な範囲で前向きに対応すべきである。取締役会は，株主との建設的な対話を促進するための体制整備・取組みに関する方針を検討・承認し，開示すべきである。

と記述されています。

　会社法上義務がないからといって，全く株主や機関投資家と対話をしないのであれば，いくら多種多様なステークホルダーの利益を実現するといっても，主要なステークホルダーである現在または将来の出資者の意見に全く耳を傾けない経営は，ある意味独善的な経営であり，また，株主の受託者としての責任を果たしていないという批判を受けるでしょう。逆に，株主や機関投資家との対話をすれば，その結果，会社の持続的発展のために有益な刺激や情報を得られる可能性が高まり，また，投資家等の自社への理解が増すことから，株式を購入したり増資の際に出資に応じる投資家が増加することが期待できるでしょ

う。

　このように，上場会社においては，機関投資家を含む株主との建設的な対話が推奨されており，これを実践するところも少なくありません。こうした対話について，IR担当役員や社長が機関投資家や株主と面談をすることはよくあります。

(2)　社外取締役と機関投資家等とのエンゲージメント

　社外取締役と機関投資家等が面談をすることは，最近は少しずつ見られるようになりましたが，現実には日本の上場会社ではなかなかありません。しかし，機関投資家は，社外取締役とのエンゲージメントを求めています。取締役会の議題などの具体的な内容を質問することはありませんが，社外取締役としての職務の認識，取締役会における姿勢，仕事の進め方，指名や報酬に関する考え方，資本の分配や業績に関する考え方など，社外取締役としての職務や考え方等について，機関投資家等は関心をもちます。

　こうした機関投資家の関心に対して，社外取締役が直接回答することで，機関投資家としては投資（検討）対象先の会社に関する情報を入手し，意思決定を行うことになります。機関投資家としては，開示された情報が多いほど投資リスクが下がりますので（資本コストが下がる，という説明の仕方もあります），より投資がしやすくなり，会社としては株価上昇の要因ともなります。

　こうしたことから，機関投資家と社外取締役の意見交換は，機関投資家として有益ですし，将来的な株価への影響等を考えると，会社にとっても有益と考えられます。

　ただし，後述するとおり，会社のIR担当の職員やしかるべき取締役が同席し，社外取締役を補助したり，対話の内容を記録して取締役会に報告するなど，対話をさらに有効なものとしたり，適切に取締役会と連携することが大切です。

Q17　社外取締役と機関投資家の面談

　社外取締役が機関投資家との面談を行うことになりました。何か注意することはありますか。

A 　社外取締役が話した内容が，会社にとって重要な事実であったり，投資家にとって投資判断に影響を与えるような重要な事実，たとえばインサイダー取引規制やフェア・ディスクロージャー・ルールとの関係で問題になることもあります。
　また，機関投資家との面談において取締役会にフィードバックしたほうがよい内容がやりとりされることも考えられます。
　そのため，社外取締役と株主や機関投資家との面談において，IR担当の従業員やしかるべき取締役が立ち会い，記録を残すことが好ましいでしょう。

解　説

1　機関投資家や株主の情報収集

(1)　機関投資家の場合

　機関投資家は，自らの投資先企業の監督者である社外取締役が，どのようなことに関心をもち，どのような姿勢で，そのように監督を行っているか，指名や報酬についてどのように考えているか，という様々な情報を必要としています。こうした情報を知ることで，投資に関するリスクを減らしたり株式を売買したりすることで，確実な収益を上げてアセットオーナーに報いることが，機関投資家の職務だからです。そのため業務執行者との面談だけでなく，社外取締役との面談をすることも，機関投資家の重要な職務となります。

(2)　機関投資家ではない主要株主や筆頭株主

　一方，主要株主や筆頭株主は，自らが影響力を行使することができる会社に対して，利益相反を監督する社外取締役がいることで，必ずしも思いどおりの施策を実施することができない可能性があります。特に，主要株主や筆頭株主が利益を得て少数株主が損失を被るような利益相反取引が実施できるかどうかは，社外取締役の監督の強弱も影響するでしょう。

　そのため，監督者である社外取締役の考え方や働きぶりについて，放置することはなく，情報収集をするでしょうし，対話を求めてくることも考えられます。

2　対話の内容

(1)　機関投資家の場合

①　利益相反取引

　機関投資家の場合，キャピタルゲインとインカムゲインを求める手段の一環として，面談を行います。そして，経営そのものには口を出しません。

　また，機関投資家は，少数株主の立場となる場合もあります。そうした場合，社外取締役がどのように利益相反取引等の監督を行っているかについて関心があります。

　そもそも，株式会社は，資本多数決が基本とされており，株主については株式数に応じた取扱いがなされなければなりません。その中で，主要株主や支配株主が自らの利益を会社から吸い上げようとすると，その反面として，少数株主の不利益となります。上場会社の場合，多数株主が自ら出資をしていない少数株主持分にまで不利益を及ぼすことは，証券市場としては許されず，このような少数株主への特別な損失等の不利益を与えてはならないことになります。たとえば，親子会社間取引で，親会社に有利な価格で親子間で商品を売買する，子会社から親会社に対して市場金利よりも低い金利で融資をする，等の利益相

反取引があげられます。

　こうした取引は，親会社出身の子会社の役員が，親会社の人事の関係等から親会社に有利な取引を断れずに続ける等，いつ発生してもおかしくありません。

　そのため，上場子会社の社外取締役は，こうした親子会社等における支配株主との間の利益相反取引等を監督し，少数株主が不当に不利益を被らないようにする立場にあります。そこで，親子会社間の健全性の維持や利益相反取引等の早期発見，改善等のために，社外取締役が筆頭株主や主要株主との対話を行うことは，社外取締役の職務の１つである利益相反取引等の監督における情報収集の一環として，重要なものとなります。

　そして，機関投資家等は，こうした利益相反性のある取引が行われないかを懸念しており，社外取締役がこうした取引を監督しているかどうか，面談により聞き出したいところとなります。

② コーポレート・ガバナンス

　社外取締役との面談を行う場合，コーポレート・ガバナンスにおける監督者としての職務について，たとえば，どのような監督を行っているか，取締役会ではどのような発言をしているか，指名や報酬に対する考え方などがテーマとなります。

　指名委員会や報酬委員会に参加している場合は，その職務についてもテーマとなるでしょう。

⑵　**主要株主・筆頭株主の場合**

　主要株主や筆頭株主の場合，機関投資家と異なり，経営に関わったり重要な提案を行うことも珍しくありません。時には人事をコントロールしたり役員報酬を自社の体系に合わせるよう求めることも珍しくありません。そして，株主に有利で会社に不利な利益相反取引を押しつけてくる可能性もあります。

　そのため，主要株主や筆頭株主，特に親会社は，業務執行取締役とは面談を

行うでしょうし，人事や取引条件などで様々な要求をしてくるでしょう。

　逆に，監督者である社外取締役は，株主が圧力をかけることが可能な対象ではない（可能であれば，独立性のない社外取締役となり，実質的に機能しない取締役となります）ことから，対話を求めても実効性がないと考えて，対話を求めることはあまりないでしょう。対話を求めるとすれば，どの程度まで，株主が会社に対して要求をできるか，という距離感を測ることが目的かもしれません。

3　対話における留意点

(1)　考え方

　基本的には，社外取締役も会社の取締役として，自社に有利なことや話しても差し支えないことは，機関投資家等に話すでしょう。逆に，自社に不利益なことは通常は話さないでしょう。そう考えると，社外取締役と機関投資家や株主との面談を，社外取締役に任せきりにすることが間違っている，とはいえないでしょう。

(2)　IR担当者等の立ち会いが必要

①　発言に対する牽制やフォロー

　ただし，社外取締役としては，対話に際して何をいってもいいというわけではありません。

　まず，会社の機密事項や未開示の投資家の投資判断に著しい影響を与えるような重要事実は，会社経営上の不利益やインサイダー取引誘発の可能性があることから，当然話してはいけない事項となります。むろん，機関投資家としては，こうした事実を聞くと株式の取引ができなくなるので，聞きたくない情報でもあります。

　そして，前述の重要事実に該当しなくとも，一定の投資家の投資判断に影響

が生じ得る重要な事実を話してしまった場合，一部の投資家だけでなく，広く投資家に公平に情報提供をしなくてはならない，というフェア・ディスクロージャー・ルールがあります。

　そこで，こうした事実を社外取締役が株主や機関投資家に対して伝えないよう牽制するために，また，仮に伝えてしまったとしても，適切な情報開示などの事後的な手段をすぐに講じることができるよう，IR担当者や総務担当者等が同席することが実務上有益です。

② 　取締役会へのフィードバック

　社外取締役と株主や機関投資家との対話において，有益な対話が行われた場合には，その内容を把握してすぐに取締役会等で検討して具体的な施策につなげることも必要です。しかし，対話に全力を傾けているであろう社外取締役に，こうした対話の内容について記録を残し，取締役会に報告することを期待することはできません。そこで，こうした有益な情報を漏らさずに取締役会にフィードバックするためにも，IR担当者等が同席することが大切です。

Q18 現場視察における社外取締役への説明

社外取締役が工場等の現場を視察する際に，どのような内容を説明することが適切でしょうか。

A 社外取締役が工場などの自社施設を視察する際に，事業の全体像が把握できるような説明をするために，自社設備および製造工程などの一連の流れだけでなく，原材料等の入手から製品の出荷後の姿まで説明することが必要です。そして，製造等の視察場所に関連する各種KPIとのつながりがわかるような説明がよいでしょう。また，社外取締役が監査等委員の場合は，監査担当役員として，監査に必要な要素，たとえば会計に関する事項，製品や原材料の在庫管理等について等の説明をすることが必要となります。

解 説

1 社外取締役の職務と現場視察の関係

社外取締役は，会社の業務執行役員でも従業員でもないことから，会社の業務や製品・サービスについては，大まかな知識しかありません。そのため，業務執行役員ほどではなくとも，基本的な知識を押さえておく必要があります。

しかし，こういった基礎知識は，取締役会等の会議や書面やwebサイトを見るだけで，理解度が上がるわけではありません。そこで，現場を視察し，視覚，聴覚，嗅覚，触覚等で体験することにより，会社に関する基礎知識を固めることが大切となります。

2　社外取締役が知るべき事項

(1)　事業そのものの理解

　まずは，自社の事業を把握することから始まります。細部を把握する必要はありませんが，自社の製品やサービスとともに，それを生み出す事業所の全体像を把握することが重要です。

(2)　事業に関するモニタリング

　社外取締役が自社の事業について現地視察をすることで，現地において得られる様々な情報をもとに，事業等のリスクやメリット，他社との差別化が実現できている部分や，非効率な事情を把握することができます。

　これにより，業務執行取締役が気がつかない点について，新鮮な目で見ることで，新たに発見，検討することが可能となります。

(3)　不振事業の検討時

　事業が順調でない，すなわち，資本コストとの関係で成果が見合っていない事業については，縮小，撤退，売却等の可能性を考えておく必要があります。このとき，現地を視察し，実際に自社の収益への貢献をしているか否か，構造改革や事業転換などによる生産効率や利益率の向上が図れるかなどを検討することが必要となります。

　この場合は，社外取締役だけでなく，当該事業を知らない取締役や監査役が現地視察をすることで，不振事業の取扱いについて多くの情報を入手でき，検討の精度が上がることが期待されます。

3　経営指標との関係

　事業を把握した場合，売上・利益・利益率・回転率といった財務との関連についての把握や，各種リスクとの関係等々と自社の製品，サービスの関係につ

いて，具体的な経営指標との関係で検討することになります。

　事業を行う際にはKPIそのものが役に立つわけではありませんが，上場会社の場合は投資家に対して適切な説明をしなければならず，そのためには，適切な経営指標を用いて説明をすることになります。

　すると，KPIの検討に際しても，取締役会において財務数値を見るだけでなく，現地視察により様々な情報を追加することで，より精度を上げることが可能となります。

4　監査等委員の場合

　監査等委員の場合，現場視察は「監査」職務を遂行することになります。

　監査等委員の場合「モニタリング監査」ということで，監査等委員自身が実査を行う必要がない監査が可能とされ，監査部門の従業員が実査を行いその結果をレビューしたり，業務執行取締役等が構築済みの内部統制システムに沿って運用できているかどうかを確認したりする，といった監査を行うことが中心であるといわれています。

　しかし，こうしたモニタリングを行う場合でも，現地視察により多くの情報を得ておく必要があります。また，監査等委員に実査が禁止されているわけではありませんので，現場視察を行ったり，棚卸の際に同席して，棚卸全体の様子や実際の棚卸に参加してサンプリングしたりするなど，実査を行うことで，通常の監査業務についても幅と深みが期待できます。

第3章

取締役会の開催と社外取締役

Q19 取締役会の日時・場所・開催頻度等についての配慮

取締役会の運営事務局は社外取締役に対して，日時・場所・開催頻度等に関してどのぐらい配慮すればよいでしょうか。また，社外取締役のスケジュールはどのぐらい先まで押さえることができますか。

A 取締役会においては，社外役員との質疑応答や社外役員の意見等を求めることが重要となるため，社外役員の出席が大切です。そのため，社外役員の出席を優先して予定を組むことになります。

頻度については，1か月に1回程度の会社が多く，会社法上は最低でも3か月に1回の開催が必要です。

会場については，基本的には本社となりますが，ビジネスのベースが東京や大阪などの大都市にある場合は，当該ビジネスの本拠となる場所での開催が適切です。

また，スケジュールを押さえる期間ですが，社外役員には別途本業があったり他社の社外役員を引き受けている例もあることから，1年先までは押さえておくことが重要です。

解　説

1　取締役会の実質

取締役会は，多くの会社では，社外役員（社外取締役および社外監査役）から，業務執行者が客観的な意見を聴いたり，専門性や社会通念に基づく質問を受けたりするという，とても貴重な機会です。換言すれば，社外役員が出席し

てこその取締役会ともいえます。

　したがって，法律上の定足数があるとはいえ，社外取締役が出席して，業務執行者との間での質疑応答や意見交換が充実することが大切です。そのため，社外役員の出席を確保し，また，質疑応答等のための資料が確実に入手できる場所等が大切です。

2　スケジュール

(1)　開催日

　取締役会のスケジュールは，社外役員の出席を確保できる日程が重要となります。そのため，社外取締役の予定を優先したスケジュール確保となります。このとき，取締役会の開催について規則性をもたせる（例：第4火曜日の午前9時）ことで，2年目以降の予定確保が容易となるでしょう。もっとも，兼任している他社とスケジュールが衝突する可能性もあるので，その場合は調整が必要となります。

(2)　開催頻度

　開催頻度は，業務執行に関わる報告事項や審議事項，決議事項が比較的多いエグゼクティブ・ボード型の取締役会では，決裁スケジュールの関係上，1か月に1回の開催が多いのが現実です。実務上これより少なくすると，決裁未了の案件が増加し，ビジネスが回らなくなるおそれがあります。ただし，1か月に1回ですと，多忙な社外取締役は出席が容易ではなくなります。

　一方，業務執行の監督，経営計画の検討が中心となるモニタリング・ボード型の取締役会では，エグゼクティブ・ボード型ほどの報告事項や審議事項，また決議事項が時間に追われることはありません。そのため，取締役会の開催頻度は3か月に1回でも十分となります。もっとも，3か月分の業務執行に関する報告を行うなど，頻度を少なくすると，1回の取締役会の所要時間が長くな

るでしょう。

3　開催場所

　開催場所は，本社会議室が一般的です。設備が整っていること，必要な情報を容易に取り寄せられること，役員の多くが本社に常駐していることが理由としてあげられます。

　ただし，登記簿上の本店所在地と機能上の本店とが異なる場合は，機能上の本店において取締役会を開催することが適切です。取締役会の会場は，株主総会と異なり，開催場所について法令上の制限がありませんので，開催場所を柔軟に変更することができます。

　ただし，遠方の場合や，海外等の治安が悪いところで行う場合は，飛行機等の交通機関における事故や現地でのトラブルのリスクを考えて開催場所を決定することになります。社外役員の負担を考えると，遠方での開催は控えることが現実的でしょう。

　もっとも，近時は取締役会をweb開催することも広く普及しています。この場合，社外取締役等が本社等に移動する必要がなくなるため，開催スケジュールの調整が容易となったり，交通費等の節約につながります。

4　スケジュールの確保

　社外役員のスケジュールを押さえることが最も大切です。しかし，社外役員は多忙なことが多いのが実情です。そのため，1年先まで押さえることが，出席を確保するためには必要でしょう。ただし，任期の関係もありますので，数年先という予定は，役員の交代を考えると，現実的ではないでしょう。

　また，数社を兼務する社外役員の場合，他社のスケジュールが規則的に予定が入るか，また不規則となっているか等，社外役員に問い合わせた上で予定を調整することになります。

Q20 | 取締役会の招集

社外取締役への取締役会招集は，どのように行えばよいでしょうか。
また，同時に社外取締役に書類などを交付する必要はあるでしょうか。

A 会社法に定めるとおり，7日前（定款で定めた場合はその日）までに取締役会の招集通知を送ることが必要です。送り方は，郵便以外にも電子メール等の電子メディアも可能です。
また，招集通知と同時に，議題を通知し，できる限り議案の内容を絞り，また議案に関する資料を招集通知と同時に送付し，社外取締役に，取締役会前に内容を検討し，議案を理解してもらうことが大切です。

解 説

1 取締役会の招集通知

会社法上，取締役および監査役に対しては，取締役会の招集通知を発送しなければなりません（会社法368条1項）。会社法上は1週間前までの招集通知が必要ですが，定款で3日前までに招集すればよいとする会社も少なくありません。

この招集通知の発出については，法令上特に定めはないので，書面の他に口頭や電話，また電子メールやソーシャルネットワークサービスでも可能です。もっとも，電話と口頭での招集については記録が残らず，後の議案や議事録の管理等との関係で問題になることがあるので，避けたほうがよいでしょう。

招集通知の記載事項については，法令上は特段の定めはありませんが，各社の定款や取締役会規則などで，議題を記載すると定めることもあります。この場合，議題に「その他」と記載して取締役会を招集すれば，あらかじめ記載し

た議題以外の事項も審議等することが可能です。もっとも，判例上も，招集通知に記載した議題以外の事項を審議・決議することは，禁止されていない限り問題ないとされています。

2　資料等の事前送付

(1)　事前送付は大切

　社外取締役に，取締役会の資料を事前に送ることは，重要な事前準備であり欠かすことはできません。

　社外取締役は，元々会社の業務執行に携わっておらず，どのような議案が上がってくるか，取締役会の直前まで知らないことも少なくありません（ただし，特に重要な議案については，随時経営側から社外取締役に報告や相談がなされる場合もあります）。そのため，取締役会当日に資料を見せられても十分な審議は期待できません。そうなると，その議案については，社外取締役による監督も不十分ですし，社外者から見た議案に関する意見も期待できません。また，何より，社外取締役が，検討不足で責任をもてないので賛成できないといい出し，多数決を強行すると後にトラブルとなった場合の業務執行取締役の責任が重くなる可能性があります。結局，社外取締役から議案の検討時間がほしいといわれるとこれに逆らうわけにはいきませんので，議案を採決せず，取締役会を継続させて後日再開しなければなりません。

　そうすると時間の無駄となりますので，社外取締役に事前に検討しておいてもらい，取締役会が空転しないように準備することが大切です。

(2)　送付方法の留意点

　社内の取締役や監査役に資料を届ける場合，イントラネットを使用したり，社内メールで送信したり，物理的な紙の資料を関係役員に交付したりするなど，比較的セキュリティは保たれます。しかし，社外役員は会社に常勤しないこと

がほとんどであり（常勤監査役や常勤監査（等）委員は別），こうした役員に資料を送付するのは，郵便や宅配便などの紙ベースの方法と，電子メール等による方法があります。

　紙ベースの場合は，郵便や宅配便，バイク便などを利用するので，比較的セキュリティは保たれるでしょう。

　一方，電子メディアの場合は，封をすることが容易でないため，パスワードをかけて圧縮して送信することが多いでしょう。しかし，社外役員にパスワードを伝達する方法の選択肢が少ないのが実情です。そのため，システムを「整備」して，パスワードを後送する電子メールに記載する方法を実践している会社は多いでしょう。ところが，後送メールでパスワードを送ると，誤送信の場合パスワードも同時に流出するため，セキュリティとして機能していないことになります。また，社外役員にパスワード入力や解凍などの手間をかけさせることになり，非効率で社外取締役に余計な負担をかけます。そのため，パスワードを電子メールで後送するシステム投資は現実的には有効とはいえないでしょうし，とりやめる会社も増えてきました。そうした会社では，クラウドを利用しているところが多数です。

　したがって，パスワードを使うのであれば，ファクシミリやSNS等の別のメディアでパスワードを送信するか，株主総会直後の取締役会でパスワードを決めておくなどの方法で，パスワード管理を合理的に行うことが大切です。

　また，秘密管理について緊張感をもたせ，加えて，コストとセキュリティのバランスを考えて，重要度に段階をつけて，その段階に見合った送付方法等を整理することも考えられます。

Q21　社外取締役に求める取締役会への事前準備

　社外取締役が取締役会に臨む場合に，どの程度の事前準備をしてもらう必要がありますか。また，意見を書面にまとめてもらうなどの必要はありますか。

A　社外取締役には，取締役会に臨むにあたり，事前送付した資料を読み込んでもらい，当日は，質疑応答をしたり発言をしたりしてもらうことが大切です。
　社外取締役の職務は，取締役会で質疑応答や意見を述べることですが，これを意見書にまとめる等のことは法令等でも求められていませんので，そういった意味でも，書面の作成依頼は不要です。そして，社外取締役に意見や質問等を書面でまとめてもらうことは，社外取締役の手許に資料が到着するのが取締役会の3日前から前日になることも少なくないことから，現実的には，時間不足のため無理でしょう。

解　説

1　事前の資料送付

(1)　資料の事前送付

　社外取締役が取締役会に臨むにあたっては，全くの知識なくいきなり議論に参加することはできません。社内の取締役で当該議案と直接関わらない取締役も同様です。

　そのため，資料を事前に送付するのはせめて招集通知と同時に，開催日の3日前までが合理的といわれています。社外取締役は会社と無関係の業務を行っていることも少なくなく，会社のことだけに時間を割くわけにはいかないこと

から，余裕をもって資料を送付することが大切です。

(2)　資料が間に合う見込みが立たない場合

　では，その資料が事前提出に間に合わない場合，どうすればいいでしょうか。社外取締役は，業務執行や議案について微に入り細にわたって質問をしたり意見交換をするのではなく，大所高所から社会通念と経験によって審議に参加するので，まず，詳細よりも全体像を伝えることが大切となります。

　そこで，未完成でもかまわないので，取締役会資料のドラフトをまず社外取締役に提示して，全体像を把握してもらうことが必要となります。むろん，ドラフトは取締役会時点では正式版となっているので，議事録に綴じ込む資料は最新版ですが，社外取締役には概要を伝えてあるので，その後の追加・変更・削除箇所を伝えればよいことになります。

(3)　事前ヒアリングの要否

　会社によっては，取締役会資料を送付の上，社外取締役からあらかじめ意見を聞いて当日の準備を行う会社もあります。たしかに，調査が必要な事項についてあらかじめ準備できるなどのメリットがあります。その一方で，取締役会当日には議論が活性化しないのではないかという見解もあり，事前説明の要否については賛否が分かれます。

　もっとも，複雑な議案，内容が深い事案などは，事前の説明があることで，取締役会当日までに社外取締役が議案を検討できるようになることもあるので，事前のヒアリングや説明が必要かどうかは，議案次第，また，社外取締役の要望次第，ということもあります。

2　意見書の要否

　社外取締役から，取締役会前に意見書をもらうことが必要か，という疑問を

もつかもしれませんが，不要と考えてよいでしょう。

　そもそも，社外取締役の意見や質問を聞いて回答をすれば，それが取締役会議事録になるので，意見書をわざわざ別途まとめてもらわなくとも，意見の内容が記録に残ります。

　意見書をもらうとすれば，あくまで業務執行取締役が調査等を委任した専門家等の第三者からもらいます。社外取締役は，調査や客観的意見の取得を含めて経営判断原則が適用できるかという監督，すなわち，情報収集の適正性や社会通念上合理的な判断を行っているか，適正なメンバーで意見交換を行っているか，といった手続面での監督も行います。このように，社外取締役は，意見書を出す立場ではなく，適切な意見書を獲得したかどうかを監督する立場ということになります。

Q22　取締役会の座席配置への配慮

取締役会の座席の配置は，どうすればよいのでしょうか。特に，執行取締役と社外取締役の席の配置をどうするのがよいのでしょうか。監査役会設置会社と監査等委員会設置会社では，違うのでしょうか。

A 監査役会設置会社の場合，執行取締役，社外取締役，監査役でまとまることが通常でしょう。また，監査等委員会設置会社の場合，監査等委員会でひとかたまりとなることがよいでしょう。監査等委員でない社外取締役がいる場合，監査等委員がまとまって着席することが優先されます。まず，監査等委員である社外取締役の隣に社外取締役でない監査等委員が着席することがよいでしょう。そして，監査等委員ではない社外取締役は，社外取締役である監査等委員の隣または向かい側に座り，執行取締役が間に入らないことが重要です。

解　説

1　座席配置の例

(1)　監査役会設置会社の場合

● 執行取締役
▲ 社外取締役
■ 社外監査役
◆ 非社外監査役

(2) 監査等委員会設置会社の場合

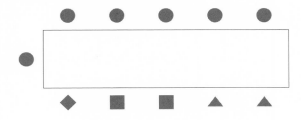

● 執行取締役
▲ 監査等委員でない社外取締役
■ 監査等委員である社外取締役
◆ 取締役監査等委員（社外取締役でない）

2　座席配置の理由
(1) 全体像

　取締役会では，職務が近接している役員が，隣や近い席で協議することができるように配置することが適切ではないでしょうか。社外の役員で意見が一致しない，あるいは協議ができないというのであれば，執行取締役への説明が困難となりますし，意見や質問に説得力がないでしょう。

　また，職務が類似している社外取締役と監査役は，座席が近いほうがよいでしょう（監査と監督は，執行をせずに執行取締役を「監」査・「監」督するので，ある意味職務が似ているといってよいでしょう（そのため，監査等委員会は，監査と監督の双方が職務となっており大変です。また，立法直前まで，監査等委員は「監査・監督委員」という名称が付されていました）。

(2)　監査役会設置会社の場合

　監査役会設置会社の場合，業務執行取締役，社外取締役，非社外監査役，社外監査役と4種類に分けられます。

　まず，議長および業務執行取締役の座席が決まります。

　そして，業務執行取締役がひとかたまりに着席します。次に，社外取締役がひとかたまりに座ります。このとき，協議がしやすいよう，対面型の座席の場合は，片方にまとまって着席したほうがよいかもしれません。そして，監査役が着席します。執行取締役の隣に常勤監査役（社外監査役でもある場合もあります）が着席し，その横に社外監査役が着席します。

　なお，社外取締役が議長を務める会社もありますが，その場合は，議長の右側が業務執行取締役，左側が社外取締役，監査役は，左右どちらか一方に固まる，ということになると思います。

(3)　監査等委員会設置会社の場合

　監査等委員会設置会社の場合，社外取締役が監査等委員か否かで座席を分けることになります。

　もっとも，監査をするかしないかという差はあるものの，執行取締役を監督するという職務は共通していることから，取締役会中に協議をすることが容易となる座席が望ましいと考えられます。

(4)　指名委員会等設置会社の場合

　指名委員会等設置会社の特徴である3委員会ごとに分かれて着席することができればよいのですが，執行役兼務取締役が委員に加わっていることも少なくありません。特に，執行役社長を兼務する取締役が指名委員会と報酬委員会に加わる場合は，なおさらです。この場合は，議長や執行役社長を除いた，同じ委員がまとまって着席し，社外取締役がその中で可能な限りまとまることにな

るでしょう。

　また，複数の委員会を兼務している場合も，座席配置は難しくなります。

3　互い違いの座席配置の是非

⑴　互い違いにしない理由

　互い違いに着席をしないほうがよい理由があります。まずは，前述のとおり，同じ職務を担当する者同士が取締役会中に協議をするためです。また，執行取締役と社外取締役は監督される側とする側の関係です。同様に，取締役と監査役は，監査される側とする側の関係です。このように，職務の違いからの対立関係は不可避ですので，真剣な取締役会の議論の場で対立的な審議となるのもまた，ある意味不可避といえます。

　この他に，互い違いに着席すると，両隣に執行取締役がいて，社外取締役がメモを取ることで資料のどこに注目しているかが執行取締役に明らかとなり，場合によっては，執行取締役が発言等を変えてしまったり，社外取締役の考え方が質問や発言の前に判明してしまったりすることになり，審議に影響が出る可能性もあります。

　以上のことから，業務執行取締役，社外取締役，監査役（監査等委員）は，まとまって着席することが通常となります。

　なお，業務執行取締役と社外取締役や監査役との対立的な雰囲気となってしまうことも懸念されますが，こうした状況の改善については，審議の言葉遣いに気をつけるなど，懇親会等の取締役会以外の場で行うことが適切でしょう。

⑵　机の形との関係

　机の形との関係で，対面型の座席の場合は，同じ社外取締役や監査役が同じ側に着席するか，対面で着席するかという細かいところがあります。片方にまとめると，一方の役員席が長くなったりするなどアンバランスになることも否

定できません。

　そういう場合は，円卓が一番よいのですが，会議室の形状や広さからままならない場合もあります。そうしたときは，執行取締役の着席を変えたり，事務局の着席で調整するなど，いろいろな方法があります。

Q23 社外取締役が取締役会議長に就任する場合のフォロー

社外取締役が取締役会議長に就任する例が出てきています。会社として，議長をサポートするために必要なことは何でしょうか。

A まずは，各取締役からの報告や議案について，可能な限り取締役会招集通知発送前までに資料を提出してもらうことです。そして，取締役会終了後には，速やかに詳細な議事録を作成して，後にどのような議論が行われたかを確実に記録に残すことです。
その他の環境整備として，議長に個室が必要か，社外役員だけのミーティングをもつかどうか，といった環境整備も大切です。
そして，取締役会議長という重要な職務を行うにふさわしい報酬を支払うことも大切です。

解 説

1 社外取締役が議長に就任すること

(1) 日本の主流

　日本では，長い間，社長または会長という執行取締役のトップが取締役会の議長を務めてきました。「社長」は会社のトップとして，「会長」は取締役会の長として，それぞれ，取締役会の議長を務めるにふさわしい，と説明されてきました。なお，取締役会の議長が社長と会長のどちらがふさわしいかは，その会社ごとの歴史，人事等を反映して定款に定められており，会長と社長のどちらが取締役会議長にふさわしいか，ということについては定説はありません。

　なぜ社長や会長という業務執行取締役が議長を務めていたか，という理由については，段階的に説明できます。

　当初は取締役会には監査役と業務執行取締役しかいない会社がほとんどであり，社外取締役が選任されていない以上，議長になるという選択肢はありませんでした。

　次に，社外取締役が選任されても，社外取締役は，業務執行取締役のアドバイザーとして，業務執行取締役が必要なときに必要な限度でアドバイスをする役割でした（現代では，アドバイザーを社外取締役に就任させる必然性はないという考え方も有力です）。そのため，アドバイザーが取締役会の議事進行を司ることは，考えられませんでした。

　また，業務執行を経験して知らなければ取締役会を司ることはできない，という考え方も主流でした。

　そして，取締役会を司ることで，他の取締役をコントロールできるという，社長・会長の権威づけのためという，現代のコーポレート・ガバナンスの考え方から反対方向の機能もありました。そして，社外取締役が選任されるようになっても，こうした権威づけを失わないよう，上記のような理由で社外取締役に議長を委ねることはほとんどなされませんでした。

(2)　現代の考え方

　現代は，社外取締役は業務執行取締役の監督を職務とするという考え方が主流となっています。そうすると，取締役会は，業務執行取締役を監督する最も重要な会議体ですから，それを社外取締役が司ることは自然な流れです。実際，海外では，取締役会議長が社外取締役（独立取締役）であることは，珍しくありません（海外では，取締役会は株主の利益代弁者として業務執行取締役を監督することが職務と考えられている国や地域も少なくありません。そのため，業務執行を兼ねる取締役が半数を割っていたり，ときには1名しかいない会社が半数近くを占める市場（NYSE）もあります）。

　また，そもそも，業務執行を経験していなければ業務を知らないかもしれま

せんが，取締役会の議事進行は業務執行そのものではありませんから，業務を知らなくとも，議事進行を司ることは可能です。業務執行に関する説明は，業務執行取締役が行えば足り，議長が行う必要はないからです。

(3)　議長を社外取締役とするメリット

　業務執行取締役が議長に就任して自ら議案を提案した場合，議長は経営トップであることが通常であることから，他の取締役が反対しにくい環境が醸成されがちで，それに質問したり修正や延期を求めたりすることが社外取締役の職務となるという対立構造になってしまいます。すなわち，業務執行取締役が，取締役会の進行役という中立的な立場と提案者の立場を兼任することになるため，一貫しない立場となってしまいます。

　ところが，社外取締役が議長となることで，業務執行に関連する議案を議長が提出しないことから，賛否に偏らない，公平な議論が期待できます。

　また，議長である社長や会長が提案してきた議案であれば議案に反対しにくい雰囲気が醸成されてしまいますが，議長が社外取締役で社長や会長が議案を提案したとしても，議長が社長や会長である場合と比較して，反対しにくい雰囲気は醸成されにくいでしょう。

(4)　議長を社外取締役とするデメリット

　議長を社外取締役とするデメリットについては，社内のことがわからないのでスムーズに議事が進まない，といわれることがあります。たしかに，従前のように，細かい業務執行についての決裁まで行うのであれば，業務執行についての知識が十分にないと，議事進行ができないかもしれません。

　しかし，近時のように，社外取締役の職務は業務執行者の監督であるとすれば，業務執行に関する細かい知識は不要となります。また，議題が業務執行の重要なものに絞られれば，特に業務執行の細部について知らなくても問題ない

でしょう。そして，社外取締役が適切に会社の事業についてトレーニングすれば，基本的な事項は理解でき，議長の職務がさらに円滑に進むでしょう。

2　資料の早期作成

　議長が会社の業務に割くことができる時間は限られています。そのため，早期に取締役会資料を作成することが必要です。すると，取締役会に議案を上程することを希望する部署に対して，早期に資料を要望することが必要です。また，議案が上程されることが前もって判明している場合，当該部署と事前に調整することも大切です。

3　議事録の整備

　取締役会の議事録は，報告事項や審議事項，決議事項を正確に記録するだけでなく，出席者の法的責任にも関わることから，出席者の発言等議事の要領を記載して，意思決定の過程も明確にする必要があります。

　そのため，各出席者に内容の確認を求めることになりますが，社外取締役が多く，また取締役会の最終責任者である議長も社外であることから，確認に時間が必要です。そのため，各役員の記憶が鮮明なうちに迅速に作成し，業務執行役員の確認を並行して行うなど効率的な確認が必要となります。

4　環境整備

　取締役会の円滑な進行のため，様々な環境を整備する必要があります。近時は，電子的対応による効率化が図られており，ペーパーレス化によるタブレットの配布，遠隔地からの参加を可能にするweb会議システム，反訳アプリケーションの活用による議事録の作成等，取締役会の効率的な運用は，議長が社外取締役でなくとも有益ですが，社外取締役が議長の場合はなおさら有益でしょう。

5　報酬等

　社外取締役であっても，その職務に応じて報酬額に差をつけることは合理的です。特に，議長の職務は議事進行等の高度の技術と経験を要し，また，事前準備と事後対応に時間を必要とします。そのため，社外取締役であっても，業務執行取締役に匹敵する報酬額となることも考えられます。

　こう考えると，社外取締役が取締役会議長となる場合，相当の報酬の増額が必要でしょう。

　任意の委員会や法定委員会に所属する社外取締役，特に委員長となる社外取締役も同様と考えてよいでしょう。

Q24　取締役会における社外取締役への対応

取締役会での議論の際に，ある社外取締役が社長に苦言を呈した
ところ，社長がその苦言に反発したため，その社外取締役が延々と
お説教を始めて止まらなくなりました。お説教がエスカレートして，
段々内容が議案と関係ない話になってきました。

そこで，議長である社長が制止しても「俺のいうことを聞きたく
ないのだろう」といって，発言を続けて止めません。議長にどう対
応するよう，アドバイスすればよいでしょうか。

A まず，厳しい対応を紹介します。

取締役会議長が当該取締役に対して発言の停止を命じます。それ
でも発言を停止しない場合，警告をし，それでも従わない場合は，
退席を命じることになります。

退席を命じた場合，以後の取締役会の定足数と議決権数は，当該
取締役の分は欠席として取り扱うことになります。

また，当該取締役の退席については，議事録に明記することが必
要です。

ただし，このような対応は後々の取締役会運営に支障を来すおそ
れがあります。そこで，こうしたときは，一度休憩時間として，
社外取締役と社長が協議をしてソフトランディングを狙うほうが
好ましいでしょう。

解　説

1　議長権限

社外取締役は，取締役会の一員として業務執行取締役の監督を行います。そ

して，社外者として，業務執行取締役に苦言を呈することは，大切な職務といえます。しかし，その苦言も度を過ぎてしまえば，問題行動と評価されても仕方ありません。

こうした度が過ぎた発言が行われると，取締役会の審議が停止し，他の議題の報告，審議および決議を行う時間がなくなります。つまり，どんなに素晴らしい苦言・発言であっても，度が過ぎてしまえば取締役会の進行妨害と扱わざるを得ません。ところが，取締役会の議長については，会社法上権限が明記されていません。

そこで，法律的な見地からは，株主総会の議長権限の規定（会社法315条）を類推することになります。

まず，取締役会の秩序維持権と議事整理権を保有し（同条1項），秩序を乱す者には退場を命じることができます（同条2項）。そこで，議長は，発言をしている取締役に対して，まず発言の停止を命じることができます。そして，それでも取締役が発言を停止せず，取締役会の秩序が乱れたと感じたときは，議長は，複数回，発言を停止しなければ退席してもらう旨の警告を発した上で，それでも従わない取締役に退席を命じることになります。

通常の取締役であれば無理に居座ることはないでしょうが，万一退席をしない場合は，複数の者で必要最小限当該取締役の体に触って，怪我をさせたり衣服が破れたりすることがないよう注意して退場させることになります。

2　退席後の定足数，議決権

当該取締役が退席した場合，退席前の定足数や議決権数には影響しません。しかし，退席後は，当該取締役は，欠席扱いとなります。そのため，定足数の分子からは減らすことになりますが，分母からは除くことはできませんので，議事を進行するためには，定足数不足になっていないことを確認する必要があります。

　議決権については，通常の取締役会である限り，出席取締役数の過半数で採決されることになりますが，このとき，退席した取締役は分母に入れないことになります。

3　議事録に何を書くか

　取締役会の議事録には，議事の経過の要領およびその結果を記載しなければならない（会社法369条3項，会社法施行規則101条3項4号）とされています。したがって，当該社外取締役が退席したときは，定足数と議決権数に影響することから，明確にするために，記載する必要があります。

　その記載は，「取締役○○○○は，午前○○時○○分，決議事項第3号議案の審議の最中に退席した」といったように，退席者，退席時間および退席中の審議の状況を記載することになります。

　では，議事録に退席の理由を記載するか否か，という問題が残ります。この点，退席の経緯や理由については，当該議案が可決された場合の決議の有効性に関する判断資料となり得，また，取締役の再任にふさわしいかどうか等の判断資料となること，取締役会議事録は裁判所の許可がなければ開示されないというように公に開示しない制度となっていること（会社法371条4項）から，記載する必要があると思われます。

4　当該取締役の予想される反論

　退席させられた社外取締役としては「発言を妨害された」「社外取締役の意見に聞く耳をもたない社長だ」と主張する可能性があります。

　たしかに，当該社外取締役の退席により審議が不十分なまま採決された場合には，当該取締役会決議が無効になるリスクがあります。そして，これらについて訴訟を起こされたり，実際に無効とされて取引関係の処理が難しくなったりする可能性もあります。

　また，社外取締役は，株主総会にも出席できる権限があり，これを社長等が止めることはできませんので，社外取締役に，株主総会中に「審議を妨害された」「社外取締役の意見に聞く耳をもたない社長だ」と発言されては困ります。

5　現実的な対応

　このようなトラブルがあったとしても，取締役会だけでは社外取締役を取締役から解任することはできませんし，今後の取締役会に招集しないとすることも，取締役会の無効原因となるので不可能です。また，株主総会で自身の意見をそのまま株主に報告されて社長の信用が低下することも回避しなければなりません。そして，社外取締役が辞任をすると，上場会社の場合は市場が注目して株価に影響したり投資家から質問を受ける可能性も否定できません。

　そこで，社外取締役の発言が止まらなくなった場合，一度休憩を取って，別室に社長と発言の対象となった取締役に加えて，他の社外取締役や社外監査役など社外者を仲裁人として加え，ある程度は社外取締役の意見を聞いた上で，仲裁人を挟んで今後の取締役会の進行について協議することが，現実的な対応と考えられます。

　なお，社外取締役がどうしても納得しない場合，取締役会を一度閉会してから当該社外取締役に十分な発言と社長が耳を傾ける機会を与えて，その後に仲裁人を挟んで社外取締役が納得するよう協議することになります。そして，再度取締役会を招集して，後日審議していない議題を審議等することにならざるを得ないでしょう。

Q25　社外取締役が横柄な態度をとる場合の対応

　今年選任された社外取締役は，非常に著名な方で役員が非常に期待しているのですが，実際に来社されると，非常に尊大で当社スタッフに対して高圧的であったり，無理な要求をすることがあります。

　取締役会のスタッフとしては，どのように対応すればよいでしょうか。

A　社外取締役は，「社外者」として，ある意味お客様ですので，失礼な対応をしてはなりません。しかし，社外取締役からの要求が重いものであった場合，現場では，一旦は引き受けた上で，対応終了直後に社外取締役対応の責任者に報告をします。

報告を受けた責任者は，対応策を検討し，言いにくいことですが，婉曲にあるいは直接に，社外取締役に対して，改善を申し入れることが必要です。

それでも，社外取締役がその申入れを受けない場合は，他の社外役員や，当該社外取締役に対して苦言を呈することができる方に依頼して，社外取締役としての適切な立ち居振る舞いをするよう忠告をしてもらうことが考えられます。

このような対応でも改善されないときは，次の定時株主総会で不再任とすることとして，重い要求や過度な要求は婉曲にまたは直接断り続けることにならざるを得ないでしょう。

解　説

1　社外取締役への対応

　社外取締役の多くは，（元）経営者として，また専門家として経験豊富であ

り，社外取締役としての立ち居振る舞いを心得ているでしょうから，対応する役職員は，特別に負担を感じることはないでしょう。

　しかし，社外取締役の中には，自身の経験や知識についての自信からか，非常に尊大な立ち居振る舞いをし，時には，現場のスタッフに対して，職務として説明できるが業務量があまりに大きすぎる要求や，通常の業務執行と比較して過度な要求がなされることがあります。

　こうした場合，著名な社外取締役であるということで要求をすべて受け入れてしまうという考え方もなくはありません。しかし，こうした要求を一度受けると，スタッフが心身ともに疲労する等の弊害が生じ，また，次第にエスカレートしてくる可能性もあります。したがって，会社としては，こうした立ち居振る舞いを制止する必要があります。

　本問のような例でなくとも，取締役会への出席が少ない，議事録の確認が遅い等，社員に負担が生じないものの，取締役としての適性を疑うようなこともあります。

2　問題のある要求の場合

(1)　現場のスタッフの対応の負担が重い場合

　まず，スタッフの負担が課題となる立ち居振る舞いについて検討します。

　こうした立ち居振る舞いについては制止する必要がありますが，誰が制止するかによって有効性が変わってきます。

　現場では，即座に拒否をせず，程度が軽く一度だけ引き受けても問題がないと思われる場合は，一度引き受けた上で，すぐに上司に報告して対応を求めることが必要です。また，重い要求であれば，現場で判断せず，当該社外取締役に猶予をもらってすぐに上司に相談して対応を聞くことが必要です。そして，スタッフの責任者である上司が対応を考えます。

　何もせずに放置して，以後唯々諾々と受け入れることは会社としては現実的

ではないでしょうから，誰がどのように，特に誰が当該社外取締役を制止する
かが大きなポイントとなります。

　まずは，会社の最終責任者である社長，会長，時には経営トップ経験者であ
る元取締役が，当該社外取締役に対して申入れをする方法があります。

　ここで効果がなかった場合，次は社外者を活用することを考えます。当該社
外取締役が耳を傾ける話をすることができる方，たとえば当該社外取締役の紹
介者，会社の先輩，高校，大学等のクラスメートや先輩等々，が考えられます。

　このとき，現場は必ず1人で対応せず，また上司とこまめに連絡を取ること，
記録を取ること，可能であれば当該社外取締役対応のマニュアル作成も有効で
しょう。

(2)　取締役の職務執行に問題がある場合

　取締役の職務執行に問題があるのは，取締役会への出席が少ない，取締役会
の審議中の発言が無駄に長い，取締役会議事録の確認が遅い，等々社外取締役
としての職務執行に問題がある場合です。

　この場合は，経営トップや取締役会事務局を担当する取締役や執行役員から，
こうした問題行為の改善を求めることになります。話の持ち出し方に工夫をす
る必要はありますが，問題行動については株主にとっての不利益になりますの
で，高名な方であっても遠慮は禁物です。

(3)　事態が改善されない場合

　事態が改善されない場合は，残念ながら正常な取締役会運営が困難と判断せ
ざるを得ません。しかし，取締役の解任には株主総会の3分の2以上の賛成決
議が必要ですし，職務停止を命じることもできません。

　そのため，経営トップから当該社外取締役に対して，即座に辞任することを
求めるぐらいしか手段が残っていないのが現状です。

3　合理的な要求の場合

　もっとも，社外取締役の要求が，現場に負担が生じるものの，内容が必要か
つ合理的なものもあります。たとえば，取締役会資料を 3 日前には送付するこ
と，取締役会の議事録のドラフトは 1 週間以内に回覧すること，株主総会決議
の範囲内で監査等委員への支払報酬額を増額すること，などが考えられます。

　こうした社外取締役の要求は，会社の不適正な実務への改善要求であり，即
座には無理でも，合理的な期間内に改善する必要があります。

　社外取締役から申入れがあった場合は，合理的か不合理か明確でないことも
ありますので，まずは，必ず上司に報告をした上で対応を決めることになりま
す。

Q26　取締役会や社外役員ミーティング時の議論進行

当社は複数の社外取締役を選任していますが，専門知識や出身，性別等にバリエーションをもたせました。そうしましたところ，取締役会や社外役員のミーティングでは，年齢や性別が大きく異なるからか，意見が分かれ，なかなか収束しませんし，議論がなかなか進みません。どうすれば議論が進むのでしょうか。

A 社外取締役には，社外から様々な経歴や専門性，能力をもつ方に就任してもらい，様々な角度から業務執行を監督することが職務となります。したがって，様々な経歴や専門性，また能力をもっている以上，意見の相違があることは仕方ありません。

しかし，社外取締役にお招きする方は，しかるべき能力を備えた方でしょうから，一時的に意見の相違があっても，審議が進めば自ずから落着するでしょう。また，取締役会や社外役員同士のミーティング（エグゼクティブ・ミーティング）などで議長や議事進行者が適切に議事をさばくことで，円滑に進むでしょう。

それでも意見の対立が収まらないときは，「継続審議」にして，双方の見解を整理するなど，時間をおいて議論をすることが適切でしょう。

解　説

1　社外取締役に関する意見の相違

(1)　社外取締役選任の歴史との関係

　旧来は，取締役会は会社の従業員出身の者や創業者によって構成されており，

社外者はほとんどおらず（例外的に中途入社の者が取締役に就任する例はありました），意見が大きく相違することはなく，また，意見の相違があったとしても，社長以下のヒエラルヒーによってトップの見解に異論を挟むことはなく，取締役会に議案が上程されれば質疑もなく承認されることが一般的でした。

　しかし，社外取締役が選任されるようになると，業務執行取締役の議案等に対して，社外取締役から意見が出るようになります。その内容は，当初は社外取締役にアドバイザー機能が期待されており，業務執行取締役からの質問に答えるような，アドバイスが中心だったでしょう。

(2)　最近の社外取締役選任状況の下で

　そして，近時は，社外取締役の監督機能が重視されるようになりました。すると，議案やビジネスに対するモニタリングの視点から，様々な角度の質問がなされるようになりました。たとえば，新規事業であれば，どれくらいの期間にどのくらいの利益を上げることが目標か，どの程度の実績であれば撤退するか，といった項目が考えられます。このような，業務執行取締役の議案に対する質問や，時には反対のニュアンスでの意見や質問が社外取締役から発せられるようになりました。

　今や，CGコードの普及等により社外取締役の複数選任が浸透してきた現状では，社外取締役の選任に多様性がもたらされるようになりました。たとえば，元経営者に加えて弁護士，公認会計士等の専門家を組み合わせたり，業種の異なる元経営者を複数選任する例があります。

　そうすると，多様な社外取締役から，多様な観点や意見に基づく質問や発言が出ることになります。意見の相違が生じるのは当然のことです。特に，正解のない会社経営においては，意見の相違があっても当然のことですので，冷静な対応が必要となります。

2　具体的な対処方法

(1)　徹底した意見交換

　社外取締役の間で意見が合わなかったとしても，それは，当然のことです。専門領域や知見，経験，経営に対する考え方が違えば，意見が異なるのは当然のことですので，慌てる必要はありません。

　まずは，議長が意見を整理して，当該社外取締役間での意見の相違のポイントを明確にし，事実関係の認識に誤りがないかどうかを確認します。そして，徹底した意見交換をして，賛成，反対，積極，消極の理由のポイントを探ります。この他に，原案をどのように修正・調整したらよいかも探ります。

　そうすることで，原案がよりよいものとなって，最終的に一致した結論に至ることになるでしょう。それは，原案がそのまま通過することより好ましいことです。

(2)　議長や他のメンバーの意見を聞く

　もし，社外取締役の間で意見の調整がつかなかったとしても，議長や他の取締役，また監査役からの意見を聞くなど，当事者を増やして議論を深めます。そうすれば，より問題点が掘り下げられ，必要な修正を施すことで，合意に至ることになるでしょう。

(3)　取締役会中にまとまる見込みがない場合

　もし，一定の時間をかけても結論に至らない場合は，一度結論を保留にして，議案を上程した取締役等には，さらなる調査や発展した議案への修正を命じるとともに，取締役会開催期間外でも，業務執行取締役と社外取締役の意見交換を行うなど，意見の調整や原案の調整をすることが大切です。

　もし，手を尽くしても意見がまとまらない場合は，当該議案を撤回してもらい，根本から再検討することが必要かもしれません。

3　取締役間の仲が悪い場合

　通常は想定できませんが，社外取締役の間の相性が悪く，常に対立が生じる場合もあり得ることと思います。そのような場合は，おそらく改善することは期待できないでしょう。

　経営トップが介入してもなかなか改善しないこともあるでしょうから，経営トップや指名委員会に議論をしてもらい（ただし，指名委員会にその仲の悪い社外取締役が加わっている場合は難しいことになりますが），翌期の人事で調整をすることになるでしょう。

Q27　社外取締役の賛成が得られない場合の対応

　取締役会で，ある議案が上程されたところ，社外取締役が，どうしても賛成してくれません。議長から，なぜ賛成できないのか理由を聞いても，はっきり教えてくれません。

　どのようにすれば，賛成してもらえるでしょうか。

A 社外取締役が，議案に対して賛成してくれず，理由も説明してくれないということは，とても困ります。通常の社外取締役であれば，なぜ反対なのか，また，どのようにすれば賛成できるのかを教えてくれます。

　ただし，取締役会では理由を説明しにくい事情があるかもしれません。そのため，一度休憩して議長や別の社外取締役が，別室で，その社外取締役から事情をきいてみることがよいかもしれません。また，その議案は継続審議としてその取締役会では採決せず，次回の取締役会まで審議を継続することとして，社外取締役と改めて調整してもよいでしょう。

解　説

1　社外取締役による反対

　社外取締役が，業務執行取締役が提案した議案に反対することは少なくありません。むしろ，業務執行取締役が気がつかない問題点を指摘してもらうことに社外取締役の存在意義があります。したがって，社外取締役が議案に対して反対することは，特段問題はなく，むしろ当たり前のことです。

　しかし，社外取締役が反対理由を教えてくれなければ，議案の問題点が不明であり，議案を改善することができません。とはいえ，多数決を強行しては，

社外取締役との間にしこりが残りますし，本当に問題点がある議案の場合は，後に問題点が表面化してトラブルになった場合，役員責任が生じる可能性もあります。

　したがって，社外取締役が議案に賛成せず，その理由を説明してくれない以上，多数決を強行しないのであれば，その議案の審議は中断せざるを得ません。

2　議案に反対する理由
(1)　法令・定款・社内規程等に違反する議案
　このような議案は，違法性等が解消されない限り，社外取締役が賛成することはありません。

　社外取締役が説明しないとすれば，業務執行取締役において基本的な法律問題について十分検討していないという初歩的なチェックができておらず，あえて理由を説明しないという厳しい対応をしている可能性があります。

(2)　親会社・大株主・役員等と利益相反関係がある議案
　このような議案の場合，取締役会に利害関係を有する取締役等が在籍していれば，率直な発言をしにくい，と考える社外役員がいるかもしれません。

　その場合は，議長と社外取締役が別室で協議をし，問題点を聞き出した上で，当該議案を一度撤回して調整の上，出し直してもらうことにします。また，特別利害関係を有する取締役等には，取締役会閉会後に事情を説明して納得してもらうことになるでしょう。

(3)　事業としての社会的相当性を欠く場合
　近時は，ESGの観点から，会社の持続的成長のために，環境保護，社会的相当性をもったビジネスを展開しなければなりません。そのため，従前は許されていても現在は社会的に問題があるとされるビジネスも見られるようになりま

した。

　会社が，従来のビジネスから変わらずにESGに合わないビジネスを推進するような状況ですと，社外取締役が会社の伝統を慮って明言できないかもしれません。やはり，こうしたときも，取締役会を休憩等により一旦中断し，議長が社外取締役から本音を引き出すことが大切でしょう。

⑷　ハイリスクな割にはリスク対策が不十分な場合

　このような議案である場合，議長その他の業務執行取締役が気がついてしかるべきともいえます。そのように，本来上程されてはならない議案を上程し，その理由も不十分な場合，社外取締役が呆れている可能性もあります。

⑸　収益性が悪い場合

　収益性が悪いビジネスを継続する場合も同様です。このような議案の場合，必ず収益性のシミュレーションをしているでしょうから，そこに議長や他の取締役が気がつかなければなりません。また，不合理な数値を用いたり，悲観的なシナリオを掲載しなかったりするなど，議案として問題があるケースも考えられます。

　ただし，こうした場合，創業以来の事業である，その事業を興した元社長がご存命である，といった理由により，当該ビジネスの撤退を業務執行取締役がいい出せない事情も考えられ，その場合は，社外取締役が提案者を慮って反対の理由を明確にいわないかもしれません。

＊　　＊　　＊

　以上，社外取締役が反対する理由の例に基づいて対応方法を検討してみました。

　社外取締役が理由もなく反対をする以上，その理由を聞き出すためには，取締役会を休憩等により中断して，議長や他の社外取締役が理由を聞き出すとよ

いでしょう。

　ただし，社外取締役が取締役会の場で言えないことを聞き出しても，そのまま取締役会に説明せずに議案を否決したり撤回を求めたりすることは，決して前向きでなく，議案が改善される機会を失ってしまいます。そのため，当該社外取締役から聞き出した理由は，議長自身の意見に置き換えるなど，社外取締役がわざわざ理由を述べなかった理由に配慮しつつも，その理由を実質的に反映することが大切かもしれません。

3　議案の改善と議事の進め方

(1)　議案の可決は現実的でない

　社外取締役が反対している以上，多数決を強行しても，取締役会がギクシャクすることに加え，社外取締役が把握したリスクを放置して議案どおりに業務執行を行うことになるので，賛成が得られた議案と比較して，トラブルになる可能性が高いでしょう。また，後に役員の善管注意義務が問われた際，社外取締役が反対していたという事実は，善管注意義務違反や過失を基礎づけることにもなりかねません。

　しかし，社外取締役が反対理由等を説明しない以上，取締役会当日に修正案を作成・審議することは，現実的にはできません。

(2)　対応策

　そこで，一旦当該議案を保留して次回取締役で可決できるよう社外取締役と協議を進める方法があります。また，一旦議案を撤回して，社外取締役が反対する理由を推測して新しく議案を作り直す方法もあります。

　一方，完全に撤回して議案を廃案にすることは，早計かもしれません。元々会社経営にとってプラスが見込まれることから，業務執行取締役が議案として取締役会に上程しているのですから，これを撤回することは，会社経営のプラ

スの機会を失うことになりかねませんので，あまり得策とはいえないでしょう。

4　根本的な対策

　社外取締役が議案に賛成しない理由として，議案の趣旨や詳細がわからない，審議をしても要領を得ない，等議案をきちんと理解してもらえていない可能性も少なくありません。

　そのような事態が生じる理由は，取締役会資料が事前に提出されず，当日提出されるなど，検討時間が不十分な可能性もあります。この場合は，検討時間を十分確保したり意見交換をすることが必要です。

　また，理由を取締役会で言いにくい議案であれば，取締役会前後にそのような情報をきき出すことで，本問のようなトラブルを避けることもできるでしょう。

　そこで，こういったトラブルを避けるためには，取締役会の資料は検討時間を確保して送信する（3日前等）ことや，複雑・重要な議案は，正式提案前に何回か中間報告を行ったり，事前説明会を開催して問題点を洗ったりするなど，議案の提案者のほうも問題を回避する努力が必要です。

Q28 社外取締役への取締役会付議事項の送付と事前説明

社外取締役には少なくともいつまでに取締役会付議事項を送付すればよいでしょうか。また，どのような議案の場合，事前説明をしたほうがいいでしょうか。

A 業務報告など定時取締役会の議案のうち，定例的なものは，取締役会の3日前までには送付しておいたほうがよいでしょう。

事前説明が必要な議案は，重要なもの，社外取締役から意見が出ると予想されるもの，複雑なもの等，書類を見ただけでは容易に判断できないであろうと想定されるもの，が考えられます。

また，大型のM&Aや大規模増資といった，会社にとって大きなアクションの場合，取締役会にこだわらず，節目節目で事前説明を行って意見を聞いて，目的や内容で後に社外取締役から強力に反対されないよう，手順を踏んでおくことが大切です。

このとき，形式や完成度にこだわらず，可能な限り社外取締役に早く情報提供をするなどの工夫をすることが大切です。

解 説

1 議案の事前送付は必須

取締役会の議案を，取締役会当日の質疑応答をスムーズに進めるために社外取締役（社外監査役も同様です）に事前に送付することは，当然必要です。

議案を前日夜間や当日に配布して説明しても，単純な議案であればともかく，様々な事情を考慮しなければならない議案であれば，当日に結論を出すことは現実的でないでしょう。そうすると，臨時の取締役会を開催しなければならな

くなったり，次回の定時取締役会まで審議継続となり，議案が止まったままに
なってしまい，迅速性を欠きます。

　一方，社外取締役としては，議案の内容を十分理解できないまま賛成できな
いことが現実的でしょうし，もし，賛成して会社に損害が発生したら，社外取
締役も会社に対して損害賠償義務を負いますし，役員責任追及訴訟や株主代表
訴訟を提起された場合，敗訴する可能性が十分にあります。実際，大手上場会
社では，当日提出されたM&A（ただし，粉飾決算を隠匿するためのもの）議
案について，社外取締役が十分検討しないまま賛成し，後に会社に損失が発生
したことが発覚したことから，役員責任追及訴訟と株主代表訴訟が提起されま
した。そして，社外取締役も，和解の当事者として，連帯して一定の金額を会
社に支払う者の一員となってしまいました（そのとき，役員賠償責任保険
（D&O）により保険金が支払われて損害が填補されたかどうかは，明らかでは
ありません）。

　このように，当日資料が提出された取締役会議案に安易に賛成することは，
社外取締役にとってリスクが高すぎることから，今後は社外取締役が賛成して
くれない可能性も高いでしょう。

　そうならないよう，議案の事前送付は必須ですし，重要な議案は事前説明が
必要です。

2　事前送付の時期

⑴　原則 3 日前

　社外取締役への議案の事前送付は，定款で定めた取締役会招集通知と同日
（会社法368条は 1 週間を原則としますが，定款上 3 日前と定める会社が多数で
す）を原則と考えたほうがよいでしょう。取締役会の招集通知と同時に議案も
発送すると考えればよいかと思います。社外取締役から見ても，他の業務をこ
なしながら社外取締役として議案に対して準備をするためには， 3 日は必要で

しょう。また，会社法上の1週間では，現実には準備が間に合わないでしょう。

(2)　3日前に間に合わない場合

　3日前に議案を送付することを原則としても，売上や経費の数字がなかなか集計できなかったり，重要な契約交渉が取締役会直前までまとまらなかったりすることも少なくありません。

　このような場合は，現段階で報告できる事項を3日前の議案として送付し，その後進展した場合に新しい資料を追加したり，数値を変更するなど柔軟に対応すればよいでしょう。

　資料が全くない場合は，社外取締役としては全く検討できないのですが，ドラフトだけでも事前に配布することで，事前に議案内容の概要を把握することができ，資料や数字が追加されても取締役会当日で議論をすることが可能となります。

(3)　資料の完成が間に合わない場合

　「社外取締役には完成した資料を届けなければ失礼」と考えてしまうかもしれませんが，現実には逆で，社外取締役としては，1日でも早く議案の内容を知りたいのです。ですから，ドラフト段階でも社外取締役に送付することは大切ですし，失礼なことは全くありません。

　もし，資料作成が全く間に合わず，ドラフトもほとんど完成していない場合はどうでしょうか。たしかに，完成させて直前にでも送付するという会社が少なくないでしょう。

　しかし，他にまとまった資料があれば，その資料を事前に送付して議案の概要を理解してもらい，直前に完成した議案書を提示する，という方法もあります。たとえば，取締役会の前段階で経営会議で議案を審議している会社も少なくないでしょう。こうした会社では，経営会議の段階での資料を社外取締役に

提示して，議案の概要を理解してもらい，経営会議の段階から変わったところ
を取締役会で説明すればよいでしょう。

3　事前説明

　取締役会での報告事項や決議事項でも，特に規模が大きかったり，重要なも
のについては，案件が煮詰まる前の段階でも事前説明を行うことが大切です。

　たとえば，M&Aや業務提携，また中長期の事業計画等が考えられます。こ
うした議案については，取締役会の資料を 3 日前に送付したら反対にあって説
得に時間がかかるということがないよう，着手段階から何度も社外取締役に情
報提供をし，意見交換をして，日数をかけてコンセンサスを得ることが必要で
す。

　社外取締役との意見交換は，取締役会の中でもかまいませんし（最近は，
「協議事項」として，結論を出さない意見交換を行うことも提言されています），
取締役会以外の時間でも大丈夫です。気楽に腹を割って意見交換ができる場を
作ることが大切です。

Q29　外国人の社外取締役向けに用意すべき資料

社外取締役に外国人がいる場合，用意すべき資料は日本語がよい
でしょうか。それとも，外国人社外取締役の母国語に翻訳する必要
があるでしょうか。

A 外国人社外取締役を選任した場合，当該社外取締役がその実力を
最大限発揮できるようにすることが最優先です。その次に，他の
取締役との意見交換がスムーズに進むことが大切です。

したがって，外国人社外取締役が日本語に堪能であれば，資料は
すべて日本語でも問題ないでしょう。また，同時通訳も不要でし
ょう。ただし，外国人社外取締役も母国語のほうが資料をストレ
スなく読むことができるので，できれば母国語に翻訳したほうが
よいでしょう。

また，日本語に堪能でない外国人社外取締役を選任した場合は，
取締役会資料の翻訳および取締役会の同時通訳は必須です。

なお，取締役会の資料は，事後に確認したり紛争が起こったりし
た場合の証拠となる可能性があり，また，M&Aの際の資料となる
ことがあるので，日本語のものが正本となります。

解　説

1　外国人社外取締役の選任

近時は，コーポレート・ガバナンスにおいて社外取締役のスキルセットやダ
イバーシティに注目が集まっています。また，海外ビジネスが中心の会社が日
本人の取締役ばかりでは，適切な投資やビジネス展開ができるかどうか不安を
持つ投資家がいます。また，株主の中で外国人投資家の比率が高くなっている

会社も少なからずあります。

　こうしたことから，外国人社外取締役が選任される例が少しずつ現れてきています。

2　取締役会と資料作成の目的

　翻訳の要否については，まず，取締役会の目的と実際の運営から検討します。

　報告事項については，報告者である取締役や従業員からの報告を正確に理解した上で，報告事項について意見交換をし，また，今後の会社経営の資料とするものです。決議事項については，決議に必要な情報を適切に理解した上で意見交換をし，議案の採否を決定することが必要です。その他の意見交換でも重要です。

3　翻訳資料と通訳の要否

　そうであれば，外国人取締役がいる場合，日本語の資料とともに，その社外取締役が最も理解できる言語に翻訳した取締役会資料が必要です。また，取締役会には，その言語の翻訳をする通訳も必要です。

　もっとも，外国人社外取締役の中には，日本に長期間滞在し，日本語が堪能であることはもとより，日本のビジネスや文化にも通じている方がいます。そうした方は，翻訳資料がなくとも，また，通訳が不在でも，意思疎通を実現でき，資料の内容も理解できるでしょう。

　ただ，そういった外国人社外取締役であっても，母国語こそが最もなじみやすく，速い速度で読むことができ，また正確に理解できるでしょう。また，日本語を聴いたり話すことについては堪能であっても，読み書きについては苦手かもしれません。そのため，より正確さを期すために，日本語に堪能な社外取締役であっても，母国語に翻訳した資料と通訳の同席を準備したほうが適切とも考えられます。むろん，この場合，翻訳と通訳については相当高度な能力が

求められることになります。

4　翻訳と通訳を導入するために

(1)　資料の早期作成

　取締役会資料の翻訳をするためには，翻訳に必要な日程を確保しなければなりません。しかし，現実的には，取締役会資料は，前日，あるいは当日の朝にようやく完成するという会社も少なくありません。最近は，3日前に完成させたり，ドラフトで提出したりする例もあります。

　このように，日本語だけの資料であっても，取締役会資料の提出が期限前ギリギリで，社外取締役が十分検討できたかどうか怪しい会社も多いのです。そのような会社で外国人取締役が就任し，その取締役に検討時間を確保できるスケジュールで翻訳した資料を届けることは，相当困難となります。したがって，各部署からは早期に資料を完成させるよう常々要求しなければなりません。

(2)　翻訳等の問題点

　取締役会資料の翻訳については，外部の翻訳を行う業者に外注するか，社員が行うかという問題が生じます。

　まず，外部の業者に委託する場合，機密漏えいのリスクが伴いますし，会社のビジネスを正確に理解していないと誤訳をしてしまう可能性があります。一方，特定の社員が翻訳作業に従事する場合，適切な人材の選定や，人事等の問題が生じます。

　また，いずれの方法でも，会社には少なくないコスト（人材コストや外注費）が生じます。こうしたコストをかけたくないからという理由で外国人取締役を選任しない場合，外国へ進出する際のリスクやメリットの検討，外国人投資家対策等について，適切な対応ができないリスクがあります。

　本来ならば，海外進出をしたり株式上場により外国人投資家が株式を取得し

たりするようになった場合は，こうしたコストは必要な経費と理解することが，経営者にとっては必要です。ただ，残念ながら，こうした外国人（社外）取締役の重要性は理解されないか，理解されたとしてもコスト等の都合が優先されて選任されないということもあるようです。

　もっとも，近時は同時通訳や翻訳については，コンピュータの精度も上がっていることから，人力とコンピュータの力をバランスよく組み合わせることで，スピードとコストを両立させることも可能でしょう。

　また，根本的に取締役会を見直し，モニタリング・ボード型に移行し，議案数を絞る，書類を減量するなどの工夫も検討したほうがよいかもしれません。

Q30 専門知識のある社外取締役が出席できない取締役会のフォロー

社外取締役が自分の専門分野に関するテーマが議論される取締役会について，急遽出席できなくなってしまった場合（自然災害や忌引きなど）には，再度取締役会を開催することができるのでしょうか。それとも，電子メールなどでフォローすればよいのでしょうか。

A ある議案や報告事項について意見を聞きたい社外取締役がいる場合，その社外取締役の出席を確保するよう最善の調整を行い，出席を確保することが重要です。

もし，それがかなわない場合であっても，近時はスマートフォンを利用したweb会議などが可能ですので，自然災害による足止めや忌引き等の重要な事態が発生しても，場所の移動をせずに一定時間を確保してもらい，バーチャル出席を調整することで，取締役会を実施することが大切です。

万が一，現実の出席だけでなく，バーチャル出席も不可能な場合は，あらかじめ欠席が判明していれば，事前に意見を書いた書面を提出してもらうなどの工夫が必要です。また，取締役会前に，発案した取締役と当該社外取締役の意見交換を，面談，電話，web会議等で行い，また，当該社外取締役の意見を紙にまとめて取締役会に提出することも1つの方法です。

| 解　説 |

1　社外取締役の重要性

　社外取締役は，外部者の視点からの指摘や，専門家としての指摘をして取締役会の報告事項や決議事項の審議を充実させる役割があります。そして，取締役会議案の中には，社外取締役のスキルの中で特別高い部分が必要なものもあります。

　こうした議案の審議を行う予定であるにもかかわらず，当該社外取締役が取締役会に出席できない事態もあり得ます。たとえば，自然災害等で交通が途絶し，社外取締役が来社することができないこともあるでしょう。また，親類等に不幸があり，急遽遠方に移動して弔問しなければならない可能性もあるでしょう。そうした場合，最も必要な社外取締役が不在のまま取締役会の審議を行わなければならず，議案自体の可決は法的には問題ないとはいえ，現実には不安が残るでしょう。

2　web 会議の活用

　近時は，感染症拡大防止等を契機として，web会議に関する環境が整備され，容易にweb会議を開催することができるようになりました。会社法上も，こうしたweb会議による開催は予定されており，議事録の記載方法も定められている（会社法施行規則72条 3 項 1 号）ことから，これを活用することが適切です。

　仮に，社外取締役が来社できなくとも，取締役会の開催日時を調整して一定時間を確保してもらうことで，取締役会の開催が可能となります。

　そのため，社外取締役も含め，取締役の全員が，web会議による出席が可能なよう，スマートフォンやパソコンの操作方法をマスターしておくことが大切ですし，今や会社役員にとっては必須の能力といってもよいでしょう。

3　事前の意見書等の提出

　社外取締役が，来社の上の取締役会出席も，webによる出席もかなわない場合は，事前に意見書を提出する方法があります。もっとも，事前の意見書提出では，社外取締役は質問事項を意見書に記載しても，その回答に基づくさらなる意見交換はできないため，十分とはいえないでしょう。また，社外取締役が賛成していない議案の場合，多数決で可決して履行することには躊躇を覚えることも少なくないでしょう。

　そのため議題について当該社外取締役の出席が必要であれば，スケジュールを調整して臨時取締役会の開催を検討したほうがよいと思います。もし可決を急ぐ議案であれば，web開催を目指して，臨時取締役会を調整したほうがよいと思われます。

　それでも予定調整が難しく臨時取締役会の開催が望めない場合は，当該社外取締役と議案の発案者と議長といった一部の取締役が意見交換をして，その記録を取締役会に提出することで，社外取締役不在による審議不足を補うことも考えられます。

Q31　社外取締役とM&A①

　M&A全般について，社外取締役に，監督者として注意して検討してもらう事項はどのようなものですか。

A　M&Aの場合，社外取締役は，主に，
①　企業価値の向上に資する意思決定か
②　株主共同の利益に配慮した手続が取られているか
③　一般株主に十分な説明または情報提供がなされているか
の３点について，業務執行取締役を監督することが必要です。
その他にも，案件によって様々な検討が必要ですので，中途中途で経過を説明しておいて，取締役会以外の機会でも担当取締役に質問してもらうなどの情報収集が必要です。

解　説

1　M&A が下手といわれないように

　近時は，M&Aは経営手法の１つとして，事業規模の拡大や事業範囲の拡大などの狙いで行われるなど，広く普及しています。

　その一方で，日本の企業はM&Aが下手であるという評価が根強くあります。その内容としては「高値づかみ」であったり，買収先との融和の失敗であったり，利益を出すまでに長時間かかったり，隠れたトラブルに気がつかなかったり，経営統合後のコントロールに失敗して粉飾決算が起こったり，と様々です。

　このような評価を受けないためにどうすればいいのでしょうか。

2　企業価値の向上に資する意思決定の監督

　まずは，基本にかえって，企業価値の向上に資する意思決定か，ということ

を検討することが大切です。M&Aといっても，基本的には，事業や会社という資産を購入する，ある意味売買契約の一種ですから，不動産などの資産購入のように，企業価値の向上に資するかどうかを検討することが大切です。

　ところが，友人の経営者から頼まれたから，出入りの証券会社から薦められたから，経営計画上のM&A予算を使わなければならないから，役員報酬を増額したいから，利益がなくてもとりあえず売上高を増加させたいから，というような，およそ企業価値の向上とは無関係な動機で安易なM&Aが行われる可能性があります。そのため，社外取締役による客観的な監督が大切です。

3　株主共同の利益に配慮した手続が取られているか

　M&Aにおいて取得するのは，会社や事業であり，明確に目に見える物ではなく，価格が明確に決まっているものではありません。上場会社であれば，株式の市場価格がありますが，市場価格が割高であったり割安であったりすることもあるため，必ずしも市場価格が適正とは限りません。

　そこで，法務，会計，税務，ビジネス，システム等の重要な分野でデュー・ディリジェンスという調査を行い，その結果を適正に買収価格や手続，契約内容に反映させることが必須です。

　また，買収したら終わり，というわけではありません。M&A後すぐに減損する事態にならないよう，買収後の当該会社や事業を育成して利益を上げるための計画等が現実的かどうかというPMI（Post Merger Integration）への監督も大切です。

　時には，取締役や執行役員の一部が，利害関係者として関わる場合もあります。こうした利益相反等が生じないような手続への監督が必要です。

4　一般株主に十分な説明または情報提供がなされているか

　上場会社のように一般株主がいる場合，一般株主への配慮が大切です。一般

株主は，必ずしもM&Aに賛成で株式をもち続けるとは限りません。M&Aの噂や情報で売買を行ったり，当該M&Aについて反対のため株式を売却したい，当該M&Aについて反対なので株主総会で質問したり反対したい，という株主もいるでしょう。

　上場会社としては，こうした様々な一般株主の権利の平等性や公正性を確保し，情報を平等に提供し，株式市場に対して適時適切な情報提供をしなければなりません。そのため，会社法上の情報開示だけでなく，証券取引所の上場規程に沿った適切な情報開示を適時に行っているかどうかの監督も大切です。

　この情報開示については，上場規程を形式的に適用するのではなく，株主・投資家の意思決定に著しい影響を及ぼすかどうかという制度の趣旨に沿って，監督をしてもらうことが重要です。

　もっとも，M&Aの全体像を理解したり，デュー・ディリジェンスの結果を取締役会当日に聞いて，その場で賛否を決めたりすることができるような簡単なM&Aは，まずありません。

　そこで，社外取締役としては，M&Aが未確定の段階から，定期的に業務執行取締役や担当者から報告を受け，質疑応答をして，情報収集をしたり，要望等を出すなどの対応が必要です。また，M&Aの承認を審議する取締役会前に，丁寧な事前説明をしてもらい，調査報告書などを事前に交付してもらい検討してもらうといったことが大切です。

　なお，M&Aの内容について，インサイダー取引防止の観点から教えられないと言う担当者がいますが，そのようなことは基本的にはありません。むしろ，早期の情報提供により適正な手続を進めることが大切です。社外取締役が守秘義務を負うことは当然ですし，当該担当者の考えるような株式取引をする社外取締役は，インサイダー取引を行うと法的ペナルティはもちろんビジネス界での信用が失墜することから，ほとんどいないはずです，とその担当者を説得して，早め早めに社外取締役に情報提供を行うことが必要です。

Q32　社外取締役とM&A②

　当社グループとは関係ない会社とのM&Aなどの組織再編等に係る事項を議論する際に，社外取締役にはどのような役割を担ってもらうのでしょうか。

A 当社グループと関係ない会社とのM&Aの場合，基本的には第三者との取引となります。この場合は，
　① 　目的の合理性および手段の相当性
　② 　デュー・ディリジェンスにより抽出された問題点の検討および解消状況
　③ 　買収価格（比率）とその決定プロセスの公正性
　④ 　費用（コンサルタント費用を含む）の相当性
について，株主共同の利益を害しないよう，監督してもらうことが必要です。

解　説

1　目的の合理性および手段の相当性

　たとえば，新規事業への参入を考えたとき，新たに人的・物的投資をして一からビジネスを構築するよりも，その事業を行っている既存の会社を買収したほうが時間とコストの節約になる，という目的は合理的でしょう。また，ある会社の店舗網を取得するために個々に店舗を購入するのではなく，店舗の運営・従業員などを一括して取得するためにM&Aを行うといった目的もあります。

　そして，手段の相当性とは，M&Aについては，金銭を対価とするか，自社株式を対価とするか，というどのような対価が最も適切か，また，合併のよう

に法人格を一緒にするか，株式の一部取得として株式譲渡や株式交付制度を利用するか，株式交換や公開買付などにより完全子会社化するという法的スキームの選択か，といったことになります。社外取締役としては，こうした手段のいずれが上記の目的に最も適合しているかを，また，経営側がどのようにして判断するかを，M&Aの進行状況に沿って適時に監督することが大切です。

2　デュー・ディリジェンスにより抽出された問題点の検討および解消状況

　M&Aを行う場合，相手方の会社の情報を可能な限り調査するデュー・ディリジェンスは必要不可欠です。法務，税務，会計，システム，ビジネスなどの諸要素について行われることが通常です。最近は，ESGの観点から，環境や人権についてのデュー・ディリジェンスを行うこともあります。

　こうした調査の結果，全く問題がないことは滅多になく，問題が全くない会社はほとんどありません。そのため，抽出された問題点の検討と解消・対応状況について，担当部署から報告を受け，意見交換をするなどの監督を行うことが必要です。

3　買収価格（比率）とその決定プロセスの公正性

　M&Aの場合，金銭で買収する場合はその価格，合併や株式交換などの株式対価の場合は統合比率が決められます。この対価が相当であるかについては，フィナンシャルアドバイザーが算定方法を一定の範囲で決定し，相手方との交渉で決定されます。ただし，その価格が投資に見合うかどうかの検討は必要で，担当者から費用対効果の分析について十分な説明を受けて，検討することが必須です。

　相手方が当社グループと関係ない会社の場合は，独立した第三者との交渉となります。このときは，売り手は高く，買い手は安くしようと努力して交渉することから，その価格等が一致したときは合理的な価格と考えられます。した

がって，手続上は問題がない例が多いと予想されます。

　社外取締役としては，フィナンシャルアドバイザーの算定方法が合理的かどうか，疑問点がないかどうかを確認し，また，交渉時において異常点がないかどうかを確認する，といった監督を行うことになります。

　利害関係者とのM&Aでないため，一般的には，社外取締役が独自に株価を算定したり交渉過程や参加者を念入りに調査したりする必要はないと考えられています。

　もっとも，近年では，経済産業省が作成した「公正なM&Aの在り方に関する指針」（2019年6月28日）に沿って実務が運用されており，公正性担保措置として，社外取締役または社外取締役が委嘱した専門家によって構成される特別委員会が関与することが求められています。この特別委員会については，独立性，専門性が要求され，株式価値の算定，取引上検討の交渉過程などの関与について言及されており，社外取締役として，M&Aに対してどのように関与するかを十分に検討し，また，実際に適切な関与が求められています。

　なお，こうした特別委員会への参加等，社外取締役の就任当初予定されていない職務が追加された場合は，会社としては，別途報酬を追加することを検討する必要があります。

4　費用（コンサルタント費用を含む）の相当性

　M&Aもビジネスの一環ですので，費用対効果は大切です。M&Aの予算と各種費用の合理性を検証すること，検証のための資料を担当者にまとめてもらうことも社外取締役の大切な職務です。

　もっとも，中には，M&Aの費用の中に粉飾決算を解消するための「のれん」が含まれていて，高額な費用となっていた実例もありますので，社外取締役としては，M&Aに関するコスト感覚を，他の事例等から学んでおくことが大切です。

Q33　完全子会社化と社外取締役

　親会社や大株主である会社との間の経営統合により完全子会社となる場合，社外取締役には，何が求められるでしょうか。

A 　会社が親会社や大株主と経営統合する場合には，会社は，相手方との間で，資本関係および人事等において，様々な利害関係が生じています。そのため，こうした利害関係があっても経営統合の比率等が適正に算定され，一般株主（少数株主）の不利益にならないよう，社外取締役が社外有識者や専門家に委嘱して特別委員会を構成したり，自ら独立委員会に参画するなど，公正性担保措置を積極的に執行する必要があります。

解説

1　公正性担保措置の必要性

　会社が親会社や大株主との経営統合により，完全子会社となる例もあります。このようなM&Aが行われる場合，

① 　親会社の賛成により，株主総会での議案承認の可能性が高くなる。
② 　親会社から出向・転籍となった取締役，監査役および重要な使用人が経営の中枢を占めることも多く，経営統合の統合比率・統合の条件その他について，親会社や大株主による介入や忖度などにより，公正性を欠く可能性がある。
③ 　親会社や大株主から出向・転籍してきた役職員が，報酬や給与の補塡を受ける例もあり，そうであれば，なおさら公正な経営統合は望めない。

といった懸念が常につきまといます。

　そのため，親会社や大株主から独立した地位・属性を有し，一定の知識・経験等を有する専門家等で構成される特別委員会が関与することにより，公正性を担保することが，実務上求められています（経済産業省「公正なM&Aの在り方に関する指針」（2019年6月28日））。

2　公正性担保措置の内容

(1)　取引条件の妥当性

　M&Aについて社外取締役が監督するのであれば，対象会社の企業価値の向上に資するか否かの観点から，M&A の是非について検討・判断することと，一般株主の利益を図る観点から，取引条件の妥当性および手続の公正性について検討・判断することが必要です。

　このうち，取引条件の妥当性については，まず，買収者である親会社や大株主との取引条件に関する協議・交渉過程において，企業価値を高めつつ少数株主にとってできる限り有利な取引条件でM&A が行われることを目指して合理的な努力が行われる状況を確保することが必要です。

　これに加えて，取引条件の妥当性の判断の重要な基礎となる株式価値算定の内容と，その前提とされた財務予測や前提条件等の合理性を確認することを通じて，検討することが重要です。

　さらに，買収対価（統合比率）の水準だけでなく，買収の方法や買収対価の種類等の妥当性についても検討することが重要となります。

　これらは，いずれも，親会社や大株主に有利になりがちで一般株主が不利益を被りがちであることから，一般株主に不利益が発生しないよう監督する，という視点が必要となります。

(2)　手続の公正性

　手続の公正性については，当該 M&A における具体的状況を踏まえて，全体として取引条件の公正さを手続的に担保するために，いかなる公正性担保措置をどの程度講じるべきかの検討を行う役割を担うことも期待されています。

　たとえば，マジョリティ・オブ・マイノリティ条件を設定する，他の買収者による買収提案の機会（マーケット・チェック）を設ける，特別委員会自身がフィナンシャルアドバイザーを選定し委嘱して株価算定をし，当該費用を会社が全額負担する，親会社や大株主との交渉を，特別委員会自身や，特別委員会が選定した弁護士，親会社や大株主から独立した役職員が行うことなど，取引条件等の詳細についても，特別委員会が積極的に関与する，といったことが考えられます。

　こうした手続上の公正性の担保に加えて，一般株主（少数株主）に適切な情報を提供するため，利害関係や進行している手続に関する適切な開示が行われているかどうかについても，特別委員会が監督をすることが適切ではないでしょうか。

(3)　特別委員会委員の報酬

　こうした特別委員会への参加をした社外取締役については，就任当初予定されていない職務であることが通常のため，会社としては，別途報酬を追加する必要があります。これは，社外取締役が外部専門家に委嘱して特別委員会を設置した場合に，外部専門家に対して委嘱する報酬を支払わなければならないことと実質的には同様であることを考慮すれば，別途報酬を支払うことが合理的と考えられるでしょう。

Q34 社外取締役と公開買付

取締役会との事前協議なく，他社から公開買付による買収が提案された場合，社外取締役にはどのような活動をお願いすればよいでしょうか。

A 自社の取締役会の同意がない買収提案（いわゆる「不同意買収」。古くは「敵対的買収」）がなされた場合，社外取締役は，いきなり根拠なく当該提案に反対するという結論を出すことはできません。むしろ，会社経営者から独立した立場から，買収者の提案が一般株主や少数株主の利益になるかどうかを検討したり，取締役会の経営計画と買収者の提案を比較して，一般株主や少数株主の利益にかなうのはどちらか，ということを検討することが職務となります。

会社は，こうした活動のために社外取締役または専門家を構成員とする特別委員会を設置して，スタッフを配置したり専門家に委嘱するための予算をつけることが必要です。

解 説

1 いわゆる「不同意買収」時の社外取締役の対応

　近時は，日本の歴史ある大手上場会社や著名な上場会社が，別の上場会社に対して，取締役会の事前の同意がない買収，すなわち「不同意買収」をする事例が増えるなど，不同意買収に対する心理的なハードルが低くなっています。そのため，上場会社としては，いつ不同意買収の当事者となってもおかしくない，という環境に置かれています。

　また，以前は「敵対的買収」といった，「買収者＝悪」というイメージが先

行していましたが，現在では，誰もが知っている歴史ある大手上場会社や，知名度の高い B to C ビジネスを行っている上場会社が，上場会社同士の経営統合に介入して，取締役会の説得に成功した事例があるなど，取締役会の同意のない「買収」＝「悪」という時代ではなくなっています。

　そうすると，社外取締役としては，一般株主や少数株主の代理人として，取締役会の事業計画と買収者の提案のどちらが一般株主や少数株主にとってより合理的かを検討して，その旨を株主等に開示しなければなりません。

2　特別委員会の設置等

　不同意買収が提案された場合，業務執行取締役は当該買収に反対するでしょう。しかし，一般株主や少数株主の利益は，業務執行取締役の意向とは別に検討しなければなりませんから，独立した組織として特別委員会を設置します。この特別委員会は，社外取締役が構成員となる場合と，弁護士，会計士などの外部専門家が委員となる場合があります。いずれも，業務執行取締役から独立した者が委員となります。外部専門家の選定に際しては，実質的な独立性を確保するため，社外取締役のみで行うことが適切でしょう。

3　特別委員会の職務等

　特別委員会としては，買収者の提案が合理的か，また，買収者の提案と業務執行取締役の経営計画のどちらが一般株主や少数株主の利益にかなうか，ということを検討することになります。

　このとき，特別委員会としては，根拠に基づいた判断をしなければなりません。そこで，経営計画を分析したり，質問をしたりして情報収集をします。時には，取締役会と買収者の双方と面談を設定して質疑応答を行うなどの対応も必要となります。

　こうして判断材料を収集した後は，専門家との協議の上検討し，結論を導き

ます。その結果，買収を拒否せずに条件交渉を行うかどうか，問題がある買収提案なので拒否をするために事前警告型や緊急発動型の買収防衛策をとるかどうか，といった結論となります。条件交渉を行っても，買収を拒否するか受け入れるかの合意ができなかった場合は，こうした情報収集をもとに，買収に応じるか，単に拒否をするか，買収防衛策を発動するか，決断することになります。

　なお，社外取締役が特別委員会に参画したり特別委員会と協議を行ったりすることは，当該会社の社外取締役としては，本来の計画にないプラスアルファの職務となります。そのため社外取締役報酬の算定基礎から外れた職務となりますので，社外取締役としては，追加報酬は正当な請求となりますし，会社側としては「喉元過ぎれば熱さを忘れる」とならないよう，追加報酬を支払う必要があります。

Q35　社外取締役とアクティビスト対応①

　大口の投資家が，株主提案を予告しつつ社長や社外取締役との面談を求めてきています。おそらくアクティビストと思われますが，社外取締役にはどのように対応してもらえばよいでしょうか。

A 　大口投資家からの面談の要望については，まずは，社長やIR担当者が対応しなければならないでしょう。

　その後，取締役会やその他の方法で，社外取締役に対し，当該大口投資家との結果を報告し，意見を聞くことが必要です。その際，当該投資家のwebサイトなどで，投資方針，議決権行使基準，他の投資先等の情報を収集し，社外取締役に十分な情報提供をすることが大切です。

　その後，大口投資家から社外取締役との面談を求められたら，社外取締役自身も，面談を拒否する理由はありませんので，十分な情報収集の上，面談をすることが適切でしょう。

解　説

1　株主提案を予告する投資家との面談

　最近は，投資家の中でも，数％の株式を保有して会社と面談し，会社が要望を聞き入れない場合，株主提案をしてキャンペーンを張るところが出てきました。こうした投資家の動きは，特段違法なものではないのですが，今までの機関投資家には見られないため，「アクティビスト」と呼ばれています。

　この「アクティビスト」については，投資手法はもとより，持株比率や活動方針等が様々であり，十把一絡げに「アクティビスト」とくくってしまうと，対応に失敗してしまいます。また，違法な活動はしていないので，面談を拒絶

する理由はありませんし，面談を拒絶するとキャンペーンを張られ，理由なく面談を拒絶したと宣伝されてしまうので，現実的ではありません。

　そこで，まずは，IR担当者や社長が面談をすることになります。

2　アクティビストとの面談

　アクティビストと面談をすると，会社の経営に関する質疑応答が行われ，また，アクティビスト側からの要求事項が伝えられます。この要求事項を拒絶すると，場合によっては，株主提案がなされ，またキャンペーンが張られる可能性があります。

　経営陣としては，要求を拒絶したいでしょう。しかし，要求事項は，機関投資家が認識している経営の一般論に照らして常識的な要求が多いのが実情です。そのため，株主提案がなされると，ある程度他の機関投資家が株主総会で賛成することも珍しくはありません。

　このように，アクティビストは，あまり大規模に株式を保有しなくても会社に一定の影響力をもつことから，経営陣としては対応に悩むことになります。

3　社外取締役への情報伝達

　アクティビストが突然社外取締役と面談したいと要求することは，通常はありません。そのため，最初は，直接社外取締役が面談をすることは考えなくてもいいでしょう。

　社長やIR担当者が面談をすることになったとき，まずは，面談前に，当該アクティビストに関するwebサイトや他社事例を集積して，アクティビストに関する情報を収集し，経営担当の取締役だけでなく社外取締役にもその情報を伝えることが重要です。

　情報としては，投資方針，議決権行使基準，他の投資先等での活動等が考えられます。

4　社外取締役とアクティビストの面談

詳細は，Q36を参照してください。

5　社外取締役と経営陣の意見交換

経営陣としては，経営計画があってそれを適切に実行しているという自負があることから，アクティビストの要求を拒絶したいと思うでしょう。それ自身は悪いことではありません。しかし，上場会社の社外取締役は，一般株主や少数株主の利益を実現し，また損なわないよう，経営陣を監督する必要があります。

そのため，アクティビスト対応については，社外取締役と経営陣が，アクティビストとの面談前や面談後に取締役会やそれ以外の場で意見交換をすることが大切です。

近時のアクティビストは，正論をぶつけてくるので，「間違った要求である」と簡単にはねつけることはできません。場合によっては，要求を拒否する理由が見当たらないこともあり得ます。結局，これらの要求に対しては是々非々で判断するしかないのが実情です。

そこで，経営陣としては，会社経営とは距離があり，一般株主や少数株主の利益を代弁する社外取締役と意見交換をして，客観的な意見を聞くことが，何より大切です。

経営陣としても，こうした社外取締役との意見交換をすることで，経営計画や株主還元などを見直すかどうかを検討したり，人事や報酬等について見直し・確認をするきっかけとなるでしょう。

なお，近時は，少数ながら，アクティビストの推薦する社外取締役を取締役会が提案して株主総会で選任される上場会社の例も出てきています。

Q36 社外取締役とアクティビスト対応②

アクティビストと噂される投資家から，社外取締役と面談をしたいとの要望を受け取りました。具体的にどのように対応すればよいでしょうか。

A 投資家から社外取締役と面談をしたい，と希望された場合，一定程度の持株を有する投資家である限り，会社としては，これに全く応じない理由はなく，得策ではありません。むしろ，投資家のスタンスを把握するなど情報収集のために面談をしたほうがよいでしょう。

そのため，面談の日時を調整することが必要となります。また，面談の際，IR担当者等が同席するかどうかを検討することが大切です。

そして，面談後，面談の様子を記録化して取締役会に提供することが必要です。

解　説

1　機関投資家と社外取締役の面談の是非

　会社経営者としては，面談は，無用に情報が投資家に流れたり，揚げ足を取られたりしたくない等の理由をつけて，投資家と社外取締役が会わないことを考えるかもしれません。しかし，面談を拒絶する理由は，会社法上は簡単には見つかりません。会社がうっかり面談を拒否してしまうと，会社に対する評価が下がる可能性があり，また，会社にガバナンスリスクがあると考えられて投資を控えられてしまうかもしれません。またアクティビストの場合は，キャンペーンを張って，面談しないことを大々的に宣伝するでしょう。

　そこで，アクティビストと社外取締役との間の面談も行われる例が増えてきました。実際，CGコード補充原則5-1①を引用して面談を求める株主もいます。

　アクティビストと社外取締役の対話の機会については，Q16やQ35でも説明したとおり，拒否をすることが最善というわけではなく，対応によってはメリットもあります。

2　面談の実施

　まず，面談に社外取締役の誰が出席するか，ということが問題になります。通常は筆頭社外取締役ですが，筆頭社外取締役を定めている会社は決して多くはないでしょう。そこで，誰が最も適切にアクティビストと対話ができるかを検討しなければなりません。そのとき，経営陣の影響を受けないよう，取締役会ではなく，社外取締役の間で出席者を誰にするかを決めたほうがよいでしょう。

　そして，出席者が決まった次は，同席者をつけることを検討します。たとえば面談の記録を取るだけなのか，あるいは社外取締役が面談の中で質問等の内容を十分咀嚼できない場合に，アクティビストの言い分を整理する担当者を同席させたり，広報・IR担当の取締役が同席を希望したりすることがあるかもしれません。また，業務執行取締役でなければ把握していない詳細な情報についてアクティビストから聞かれるかもしれません（そのような情報は，インサイダー取引に関する重要事実であったり，フェア・ディスクロージャー・ルール上の問題が生じる情報であったりするかもしれませんので，その確認も大切です）。

　こうした面談では，社外取締役だけでは面談の記録が残らないかもしれませんので，記録等の補助業務を行う必要があるでしょう。その一方で，社外取締役は経営陣が同席する間は話しにくいことがあるかもしれません。そのため，

社外取締役の面談にサポートスタッフをつけるかどうか，IR担当の業務執行取締役自身が面談に出席するかどうかを事前に検討しておいたほうがよいでしょう。

　このとき，社外取締役に特定の要望をすることは控えたほうがよいでしょう。社外取締役は，一般株主や少数株主の利益の代弁者でもあることから，経営陣とは一線を画しており，面談に際して依頼をしても，実現しない可能性もあるからです。

3　面談後

　面談後は，アクティビストと社外取締役の面談の報告を取締役会で行います。経営陣との面談とは異なる角度からの質疑応答や意見交換がなされているでしょうから，こうした意見交換の結果を取締役会等で共有し，アクティビスト対策を検討したり，合理性のある意見を受けた場合，業務の改善に役立てたりすることも検討したほうがよいでしょう。その理由はアクティビストの要望事項等は少なくとも表面的には合理的なものが多く，反論が容易でないことも少なくないので，「会社の事情を知らないアクティビストの無責任な言い分」として聞き流すのではなく，一度冷静に取締役会等で意見交換をすることが必要と考えられます。

4　アクティビストの特徴と対策

　アクティビストは，通常の機関投資家と異なり，「重要提案行為」（金融商品取引法上の用語です）を行うことが特徴であり，株主提案だけでなく，面談時の積極的な要求も「重要提案行為」に当たる可能性があります。ただ，「アクティビスト」というだけでは，特に会社に害をもたらすわけではありませんし，アクティビストの活動は，スチュワードシップに則ってアセットオーナーの意向に沿っているものが大半です。そして，アクティビストは「正論」を主張し

てくる可能性が高いという特徴があります。

　前述のとおり，社外取締役とアクティビストとの面談を設定せざるを得ませんが，広報・IR担当者を同席させて，記録を正確に残して，取締役会等で検討をすることが重要です。そして，約束ごとをしない，機密事項を話さない，他の株主に説明していないことを説明しないなど，事前に方針を固めておくことが重要です。

　また，面談時は，質問と回答の齟齬がないよう対話しつつ，アクティビストの本当の要望や方針を探ることができればよいのですが，社外取締役としては無理をせずに対話をすることが優先でしょう。

Q37　社外取締役の第三者（取引先等）への責任

社外取締役が賛成した議案について，社外取締役は，取引先等の
第三者や会社に対して責任を負うものなのでしょうか。また，社外
取締役が賛成した議案について，社外取締役に，業務執行が適正に
行われるよう監督してもらうためには，どうすればよいでしょうか。

A 社外取締役は，業務執行取締役の監督が主たる職務で，監督や助
言を行うことはありますが，自ら業務執行をしません。そのため，
原則として，社外取締役は取締役会決議に基づく業務執行につい
ては責任を負いません。ただし，法令違反や明らかに会社に損害
が発生する取締役会議案については，これに賛成すれば責任を負
うことがあります。

また，社外取締役が賛成した議案については，担当の業務執行取
締役が最低限取締役会において定期的に報告しなければなりませ
ん。そして，重要な局面に至った場合には随時，取締役会の開催
にこだわらずに報告を行ってもらうことが大切です。

このような報告を励行させるという監督が，有効かつ可能なもの
ではないでしょうか。

こうした監督に際しては，指標をあらかじめ設定し，これと比較
するというモニタリングも有効です。

解　説

1　社外取締役の職務と責任

社外取締役の職務は，業務執行取締役の監督が中心です。取締役会に上程さ
れた議案については，上程された資料をもとに上程した取締役と質疑応答を行

137

い，賛否を決定します。そして，議案が可決された場合，当該議案に基づき業務執行を行うのは，当該業務を担当する取締役となります。

したがって，取締役会決議に基づき当該業務が執行された場合，業務執行により第三者に損害が生じたとき，これが債務不履行または不法行為と認定された場合，会社と連帯して責任を負う取締役は，一次的には当該業務を担当する業務執行取締役であり，社外取締役ではありません。同様に，結果的に会社に損害が生じた場合も，一次的には当該業務を担当する業務執行取締役が責任を負い，社外取締役が業務執行について責任を負うことは原則としてありません。

2　社外取締役が責任を負う場合，負わない場合

(1)　責任を負う場合

もっとも，社外取締役が全く責任を負わない，というわけではありません。すなわち，社外取締役が監督責任を果たしていない場合であって，それが善管注意義務違反である（あるいは，違法行為に加担したという，さらに悪質な場合もあり得ます）と認められる場合には，業務執行取締役の債務不履行または不法行為について会社や当該取締役と連帯して責任を負うことになります。

たとえば，議案の関係書類に問題があることを発見し，担当者の説明にも納得できないにもかかわらず当該議案に賛成した場合は，責任を負うことにつながります。なぜなら，当該議案に対する反対，延期，再検討，資料追加等の対応を選択することが可能ですから，こうした対応を行わずに議案に賛成した場合は，業務執行取締役の監督を過失により怠ったことになるからです。

(2)　責任を負わない場合

たとえば，担当取締役が取締役会に上程した議案に法令違反などの重要な事実を記載せず，議案の関係書類からは全く問題が見当たらなかった場合です。そのような場合，その記載しない事実によって会社や第三者に損害が生じた場

合，社外取締役が監督権限を行使して損害発生を防止することができなかったと評価されることが多く，責任は負わない可能性が高いでしょう。また，書面上疑問があっても，担当者の説明が合理的であり納得した場合も，不合理な説明を安易に信用したという特別な事情がない限り，監督権限を行使できなかったであろうことから，通常は責任を負わないでしょう。

　このように，会社や第三者に損害が生じた場合，担当する業務執行取締役に責任が生じたとしても，必ずしも社外取締役に責任が発生するとは限らないのです。

3　社外取締役によるモニタリング

　では，社外取締役に業務執行取締役の業務執行を監督（モニタリング）してもらうためには，どうすればいいでしょうか。

(1)　定期的な情報提供

　社外取締役は，通常会社に常駐せず，会社の業務執行の様子を常に把握しているわけではありません。また，会社の業務執行の様子を報告してくれる部下がいるわけでもありません。

　そこで，社外取締役に対しては，業務執行取締役が定期的に業務執行の進行状況などを報告することで，モニタリングをしてもらうことになります。

　情報の提供については，定時取締役会において報告することが基本となります。この他に，取締役会事務局などが，電子メール等で定期的に報告をする方法もあります。この方法は，多忙な社外取締役が一堂に会することなく業務執行の報告ができるため，社外取締役と取締役会事務局の負担が軽くなるというメリットがあります。

　そして，不測の事態や重要なことが発生したときは，タイムリーに社外取締役に報告することも大切です。むろん，こうした重要な事項について社外取締

役に報告しないことは，あってはならないことです。

(2)　指標の設定

　社外取締役が，業務執行の報告を受けた場合，当該業務執行が順調かどうか
を判断することは容易ではありません。なぜなら，社外取締役は在籍期間が短
く，また常駐していないことから，当該業務については業務執行者ほど理解で
きないことが通常だからです。

　そこで，取締役会決議に際して，モニタリングのために一定の指標（KPI）
を定め，当該指標への抵触の有無や接近したかどうかを定期的に確認するサイ
クルを定めたり，抵触した場合の対処などをあらかじめ組み立てたりしておく
ことで，社外取締役もモニタリングを行うことが可能となります。

　社外取締役としては，指標を参照することで，担当取締役と意見交換をした
り，場合によっては苦言を呈したりすることなどが可能となります。

Q38 社外取締役と任意の委員会

任意の委員会の構成メンバーについては，どのようなメンバー構成がよいでしょうか。また，社外取締役に依頼をしたところ，拒否された場合にはどうしたらよいでしょうか。

A 社外取締役を選任して任意の委員会にて業務執行取締役を監督してもらう場合，本来は社外取締役だけで構成したほうが投資家からの評価は高いでしょうが，経営トップが委員会への参加を希望することが多いので，社外取締役が過半数であれば，経営トップの参加を，最初は認めてもいいと思います。

また，人数が少ない場合，指名委員会と報酬委員会の両方を兼任してもらうとよいでしょう。人数に余裕があれば，委員会の多様性を考えて依頼することがよいでしょう。

なお，社外取締役に委員就任を断られたときは，就任できない理由を聞き，就任できない理由が解消できれば解消し，その他に，委員としての職務を遂行できるようなバックアップ体制を整備して，ある程度は繰り返して依頼をすることが大切です。

解　説

1　任意の委員会

(1)　任意の委員会の背景

OECD各国のコーポレート・ガバナンスのモデルとして，監査，指名，報酬の三委員会（スリー・コミッティー）は，標準的に設けられているものです。ところが，日本では，上場会社のうち2％強しかない指名委員会等設置会社を除き，三委員会は法定されていません。そして，監査役会設置会社の監査役会，

監査等委員会設置会社の監査等委員会は，いずれも監査に関わる機関であって，それ以外に関わる権限はありません。監査等委員会は，指名・報酬に関しては，監査等委員の指名・報酬を除くと意見陳述権しか認められていません。

　しかし，三委員会がない上場会社については，欧米等の機関投資家からするとガバナンス体制が標準未満であると評価され，投資が期待できない可能性があります。

　そこで，日本では，CGコードにおいて，任意の委員会に関する記述がなされ，コンプライorエクスプレインの対象とされ，結局，任意の委員会を設置する上場会社が増加しました。

　ですから，任意の委員会とは，基本的には指名委員会と報酬委員会を指し，その他の品質管理委員会，IT管理委員会等は，コーポレート・ガバナンス上の任意の委員会とは若干異なるものとなります。

(2)　指名委員会

　人事委員会という名称が付されることもあります。

　職務については，取締役の選任に関することを決定または諮問する機関となります。具体的には，以下の事項の決定または諮問をします。

① 　取締役（執行役，執行役員等の選任に関わることもある）の選任に関する
　　仕組み（経営者のサクセッションプラン，社外取締役の後任者選任等）
② 　具体的な取締役候補者の絞り込み，選定
③ 　現任取締役の再任・不再任・解任

　指名委員会が上記職務を遂行するために，スタッフが必要な情報を収集し，また，外部の専門コンサルタントと契約をしてアドバイスを受けることで，その職責を果たすことができます。もっとも，こうしたスタッフを整備したり，

外部コンサルタントへの報酬支払権限や予算の確保といった，指名委員会の活動環境を十分に整備している上場会社は，残念ながら多くないかもしれません。

(3)　報酬委員会

　職務については，取締役の報酬に関することを決定または諮問する機関となります。具体的には，以下の事項の決定または諮問をします。

① 　取締役（執行役，執行役員等の報酬に関わることもある）の報酬に関する仕組み（固定報酬の体系（金額，増減額方法等），業績連動報酬の算定方法，株式報酬制度，固定報酬・賞与・株式報酬の水準および比率等）の整備
② 　個別報酬金額の算定・承認
③ 　不祥事が発生した場合の報酬減額，クローバック，マルス等

　報酬委員会が上記職務を遂行するために，スタッフがKPIなどの必要な情報を収集し，また，外部の専門コンサルタントと契約をしてアドバイスを受けることで，その職責を果たすことができます。もっとも，こうしたスタッフを整備したり，外部コンサルタントへの報酬支払権限や予算確保といった，報酬委員会の活動環境を十分に整備している上場会社は，残念ながら多くないかもしれません。

2　両委員会への社外取締役の就任

(1)　指名委員会と報酬委員会

　社外取締役が業務執行取締役を監督するには，指名および報酬を通じて監督することが一般的になっています。そして，功績のあった業務執行取締役等は報酬が増額となり，また再任となり，昇格となるでしょう。一方，業績不振あるいは（本人または部下による）不祥事を起こした場合，降格や報酬返上，不

再任，解任となります。このように，指名と報酬はある意味連続性・関連性をもっていることから，指名委員会と報酬委員会の委員を兼ねることは，必要とするKPIの設定，監督に必要な情報等が共通していることから，職務が倍増とはならないことも少なくありません。

　したがって，社外取締役を選任したとして，その人数が2〜3名であれば，社外取締役には，指名委員会と報酬委員会の双方に所属してもらうことで，人材の効率的な配分と職務の効率性が実現できると考えられます。

　社外取締役の人数が豊富であれば，両委員会に分けてもよいでしょう。

(2)　監査等委員会設置会社の場合

　もっとも，監査等委員会設置会社の場合，元々取締役の指名権限と報酬決定権限を委員会に委任したくないという経営トップの意向が働いて，指名委員会等設置会社が法定されていたにもかかわらず，導入されています。また，社外役員の人数をできる限り抑えたいという希望をもつ上場会社が少なくないために，監査等委員会設置会社が導入されたという背景もあるでしょう。

　そのため，監査を担当する監査等委員が，監査等委員以外の取締役について，指名および報酬について意見を述べるだけでなく，任意の委員会を構成することも考えられます。

　もっとも，指名・報酬権限を委員会に委ねたくないがために指名委員会等設置会社を避けて監査等委員会設置会社にしたにもかかわらず，CGコード対応ということで任意の委員会を置く理由を合理的に説明することは，容易でないでしょう。

　そして，監査等委員が，指名・報酬について委員会としての機能まで負担するのであれば，その職務の負担に見合った役員報酬を支払うことが合理的でしょう。そのため，監査等委員の報酬を増額することが適切でしょう。

3 経営トップの委員会参加

　経営トップが指名委員会や報酬委員会への参加を希望することは珍しくありません。経営トップとしては，権力の源泉である人事と報酬について関わっていたいという希望をもっていることも少なくないからです。ただし，先進国で指名・報酬委員会が普及している理由は，経営トップの権限を委員会に移すことで，ガバナンス上の権限のバランスを取ることにあります。そのため，経営トップを委員会に参加させるのであれば，社外取締役を過半数としておく必要があります。

4 社外取締役に委員就任を断られた場合

　社外取締役から，指名委員会や報酬委員会への所属を断られた場合，どう対応すればよいでしょうか。

　むろん，当該社外取締役から理由を聞き出すことになります。

(1) 職務がわからない，サポート体制がない，という理由

　まず，職務がわからない，という不安が考えられます。この場合，サポートスタッフの充実や社外のコンサルタントを起用する予算の確保など，委員会の活動に対する環境整備を約束して，実行することが必要です。

(2) 決定が覆される可能性

　次に，委員会が決議しても経営トップが覆す可能性がある，という懸念であれば，取締役会決議で委員会の権限を定め，トップが容易に覆すことができない仕組みや，結論を覆す場合の委員会と経営トップの間の充実した意見交換のルールを導入することが大切です。また，委員会の結論が覆る可能性がある仕組みであれば，その覆る場合の要件や手続などを明確にすることで，恣意的な運用を防ぐ仕組みがあることを説明するとよいでしょう。

(3)　報酬の問題

　この他に，職務の割には報酬が安価である，という不満もあり得ます。委員会を引き受けることにより監査役会設置会社でも職務の負担は増えますが，監査等委員の職務は監査関連だけでも多く，さらに指名・報酬についての各種の職務を行うことは，相当の負担があります。そのため，安価な報酬では割に合わない，という不満を社外取締役がもっていることもあるでしょう。

5　取締役就任契約書の重要性

　もっとも，委員を打診する以前の問題として，社外取締役をお願いするにあたっては，職務や報酬についてきちんと協議をして内諾を得ておくことが重要です。また，選任直後に取締役就任契約を交わすという方法も考えられます。社外取締役が選任後に委員への就任を断るということは，選任前に社外取締役と十分協議し，職務内容や報酬について合意しておくことが必要であるにもかかわらず，それができていなかった，ということにもなります。また，こうした委員への就任について，「契約書」という題目とはならないものの，実質的な契約書である就任承諾書で手当てをしておくことも有益です。

Q39　社外取締役と報酬

　社外取締役の間で報酬額が異なってもいいのでしょうか。どのような場合に異なる報酬が合理的になるのでしょうか。

A　一口に社外取締役といっても，職務の内容に差が生じることはあります。したがって，その職務に応じて社外取締役の間で報酬額に差を設けることは，合理的な範囲であれば問題は生じにくいでしょう。
　一方，職務が同じであっても社外取締役就任前の経歴等により差額を設けることは不可能ではありませんが，その場合は，合理的な説明が必要と考えられます。

解　説

1　社外取締役の職務

(1)　通例的な職務

　社外取締役，と一口にいっても，最近の社外取締役の職務は，単純ではありません。

　まず，取締役会に出席して業務執行の報告を受け，審議に参加し，意見交換を行うことが必要です。また，そのための議案説明を受けたり，議案が成熟する前の段階で取締役会以外の機会に意見交換をしたりすることも重要です。

　この他に，業務執行取締役から個別に相談を受けることもあるでしょう。また，大口株主や機関投資家から対話を求められることもあるでしょう。

　こうした職務は，筆頭社外取締役を定めるなどの対応がない限り，どの社外取締役にも求められる職務でしょうから，これらの職務の対価としては，どの社外取締役も同額となるでしょう。

(2)　差額を設けることの是非

　では，職務が同じ社外取締役について，報酬に差を設けてもよいものでしょうか。たとえば，1名は大手企業の元トップだから年間1,200万円とし，1名は若く著名でないから年間600万円とすることはどうでしょうか。

　この点については，善し悪しがあるので一概にはいえません。たとえば，職務に違いがないことを強調すれば，同額である結論が導きやすいと思います。一方，著名な大手企業の元社長をスカウトするためには安価な報酬では無理である一方，著名でなければスカウトはそれほど大変ではないということを強調すれば，差額があることは合理的とも考えられます。しかし，職務が同一で差額がある場合は，どうしても低額な報酬の社外取締役のモチベーションが下がってしまうでしょう。また，監査等委員である社外取締役については，業務執行取締役側が差額を設けるよう要望しても，監査等委員の協議（全員一致）によって報酬額が決まりますので，結局同額となる可能性もあります。

　筆者は，職務が同じ場合は同額とすることを原則とし，実際に高額報酬でスカウトした社外取締役については，報酬が他の社外取締役より高額でもやむを得ないと考えます。ただし，筆頭社外取締役や取締役会議長をお願いして職務内容を追加し，職務内容と報酬額に差を設けることが適切ではないでしょうか。

2　委員会の職務

　近時は，CGコードで記述されている，法律上規程のない指名委員会，報酬委員会を設置し，社外取締役がこの委員に選任されることが増えました。社外取締役が過半数であるべき，というプライム市場上場会社に関するCGコードの記述にコンプライする限り，最低3分の1の社外取締役が必要となります。

　そうすると，こうした委員会に所属する社外取締役には委員としての職務が通常よりも増加しますので，その分の報酬を増額させる必要があります。もっとも，社外取締役が2〜3名程度の会社の場合，社外取締役の全員が委員に選

任されることも少なくないため，結局のところ，社外取締役間の報酬は同額となることも少なくないでしょう。

このことは，指名・報酬委員会以外の委員に就任しても同じと考えられます。

3　筆頭社外取締役の職務

筆頭社外取締役の場合，その他の社外取締役と比較して職務と責任がより大きいことから，報酬が増額されると考えてよいでしょう。

たとえば，社外取締役（社外監査役が含まれることもあります）のみで開催されるエグゼクティブ・ミーティングを主催する，社外取締役が意見をまとめて取締役会で発表したり経営トップに意見具申を行う場合などは，筆頭社外取締役を定めれば，筆頭社外取締役が責任をもって執行することになるでしょう。また，株主や機関投資家との対話に際しても，筆頭社外取締役との対話を求められることもあるでしょう。

そして，日本ではあまり想像できないかもしれませんが，海外では社外取締役が取締役会の議長に就任すること（Q23参照）も少なくありません。

そのため，海外では，筆頭社外取締役の報酬は他の社外取締役と比較して多額であるというデータが公表されています。

4　監査等委員会設置会社の場合

(1)　監査に関する職務

監査等委員会設置会社の場合，監査等委員である社外取締役は，業務執行取締役の監督に加えて，監査に関する職務，すなわち内部監査部門の報告を受け，経営者と意見交換をし，棚卸に立ち会うなどの実査を行い，会計監査人と意見交換をしたり，監査役の再任・不再任，会計監査人の再任・不再任などについて意見をまとめ，株主総会等に監査報告書を提出することなど，様々な職務があります。

　また，監査等委員の監査は，監査役の監査が「適法性」が主であることと比較して，取締役であることから，「妥当性」まで監査を行わなければならず，監査の幅が広くなります。また，経営判断についても意見を述べなければなりません。

　そのため通常の社外取締役よりも報酬が高額となるはずであり，社外監査役と比較しても，報酬が高額となっても不思議はありません（もっとも実際の監査等委員である社外取締役が，安価な報酬しか受け取っていない例も少なくないでしょう）。また，監査等委員ではない社外取締役がいれば，その社外取締役とは報酬額に差が生じることも特別とはいえないでしょう。

(2)　常勤監査等委員

　監査等委員会設置会社の場合，常勤監査等委員と常勤監査役の職務がよく似ています（経営判断や妥当性監査の点から，常勤監査等委員の職務は，常勤監査役よりも広くなります）。

　元々，社外取締役は，その出身や人間関係上，業務執行取締役や会社との関係で独立性が確保されているかどうかということが要件となっており，常勤が禁止されるわけではありません（むしろ，常勤監査等委員を置かない場合，会社が事業報告で説明しなければなりません（会社法施行規則121条10号イ））。

　そこで，日本では，監査等委員である常勤社外取締役が選任されることも少なくありません。

　この場合は，社外取締役でありながら常勤することとなり，その職務は責任が重く多岐にわたることから，非常勤の社外取締役と比較して相当高額の報酬となるでしょう。

(3)　指名・報酬委員会の機能を兼ねる場合

　監査等委員である社外取締役は，監査等委員会が監査等委員以外の取締役の

指名や報酬について意見があれば株主総会で述べる権限があります（会社法
361条6項，342条の2第4項）。そうだとすれば，実質的には任意の委員会と同
じように情報収集をし，監査等委員会で意見交換を行った上で，意見の有無を
決定します。

　そのため，監査等委員でない社外取締役がいて，その社外取締役が何の委員
会にも所属しなければ，監査等委員で指名・報酬について関わっている社外取
締役とは報酬額に差がつくでしょう。

　もっとも，監査等委員ではない社外取締役が選任される場合，内部監査担当
となるか（監査部門の重複が生じますが，それは別論として），指名・報酬委
員会に所属して業務執行取締役を監督することが職務の中心となるので，こう
した委員会所属に関する報酬が増額されるかもしれません。その結果，監査等
委員である社外取締役と，それ以外の社外取締役の報酬のバランスが取れるか
もしれません。

Q40　社外取締役と指名・報酬委員会

　任意の委員会として，指名・報酬委員会を設置する際に，当該委員会の委員としてふさわしい社外取締役の素質は何でしょうか。

A　指名・報酬委員会は，業務執行取締役の指名および報酬に際して，業務執行取締役に迎合することなく結論を出すことができるための独立性が最も大切です。

　委員の構成としては，会社経営に関する知見がある社外取締役が１名は委員に選任したほうが，議論が充実するでしょう。また，法務，会計，税務についての知見も必要でしょう。そして，株主や投資家の利益のためにその立場や考え方を理解する社外取締役も選任したほうがいいでしょう。

　なお，業務執行取締役の委員選任が必要という見方もありますが，実際は，参考人として呼んで情報や資料を提供してもらえば委員会は機能するため，必ずしも委員として選任する必要はありません。

解　説

1　指名・報酬委員会の委員の独立性

(1)　指名・報酬委員会の機能

　本来，取締役は，業務執行取締役も含めて取締役間で相互に監督をすることが会社法上の前提です。この監督機能が十分機能するのであれば，指名委員会や報酬委員会は必要ありません。しかし，OECD各国を含め，指名委員会と報酬委員会を設置すること（これに監査委員会を加えて「スリー・コミッティー」といわれています）が標準とされているのは，なぜでしょうか。

　会社における業務執行は，効率的な運用のために，組織化され，権限が分配

されていて，業務執行取締役は，その組織に組み込まれています。そして，その組織はピラミッド構造となり，従前は社長，会長，CEO等の経営トップに権限が集中し，人事権（指名権）や報酬決定権限も集まっていました。そのため，業務執行取締役は，現実的には経営トップの指揮命令に属することから，業務執行取締役による取締役間の相互監督は，少なくとも経営トップには機能せず，経営トップが他の取締役を一方的に支配・監督する実態となっていました。

　そうすると，経営トップを監督する者は誰もおらず，コーポレート・ガバナンスが機能せず，経営トップによる専横や，後継者をめぐる派閥の形成・内部抗争などの会社組織の不健全な側面が顕在化するようになりました。そのため，社外取締役を選任し，コーポレート・ガバナンスの要である指名および報酬について経営トップから委員会に権限を委譲することで，コーポレート・ガバナンスの健全性を確保することとされました。

　この指名・報酬委員会による業務執行取締役の監督機能の実質化こそが，指名・報酬委員会の機能となります。

(2)　監督機能の実効性を確保するために

　業務執行取締役の監督機能を実質化するためには，業務執行取締役の影響を受けないこと，すなわち独立性が必要となります。

　この独立性は，委員の経歴や所属が業務執行取締役等の影響を受けないという客観的独立性の他に，株主，少数株主の利益のために業務執行取締役の様々な意向を排除して指名・報酬決定を行う強い意思という精神的独立性，社外取締役の地位にしがみつくことなく，いつ解任・不再任となっても問題なく生活に支障がないという，経済的独立性も大切です。

2　委員の構成と素養

　任意の委員会の構成については，最新のCGコードにおいて，プライム市場

では過半数が社外取締役であることが求められています。また，OECD各国の委員会では，独立取締役が全員または過半数とする国が目立ちます。

このように，任意の委員会では少なくとも過半数が社外取締役であること，できれば独立社外取締役が過半数のほうが，株主・投資家の理解を得やすいでしょう。

そして，委員の素養については以下のとおりです。

(1)　経営経験

経営経験は，委員会の委員にとって重要です。過去の経営経験に基づいて後継者計画を立案し，実際の取締役候補者を選定するに際して，経営経験は重要な要素の1つとなるでしょう。ただし，経営経験の要素は他業種でも共通することが多く，同業者出身である必要はなく，むしろ，同業者でないほうが業界慣習等に縛られることがなく，客観的な判断が可能となるでしょう。また，報酬委員会についても，適切なKPIの設定や職務に対する評価など，経営に関する知識や経験が活きる可能性が高いでしょう。

ただし，過去の実績にあまりに自信をもちすぎる委員は，成功体験をもち込むばかりで自社の仕組みや候補者に合致しない，人事計画や報酬体系が時代に合わない，等のマイナス面があるので，用心する必要があるでしょう。

(2)　専門性

社外取締役には，弁護士，公認会計士，税理士，コンサルタントの各種専門家が選任され，委員に就任する例もあるでしょう。その場合，各専門家からの率直な疑問等を議論することで，より任意の委員会が活発化します。

また，法務，会計，税務に関する知見があれば，報酬制度に関する制度設計についても充実した意見交換が可能となります。

このとき，「指名や報酬については素人だから」と社外取締役が口にしない

よう，事務局が十分な経営関係資料や候補者リストを準備することが大切です。

(3)　株主・投資家の利益

　株式会社においては，株主・投資家も大切なステークホルダーですので，その意見や立場を反映できる委員が必要です。必ずしも株主・投資家の出身者である必要はありませんが，その考え方を理解し，株主・投資家の利益を疎かにしないような社外取締役が必要です。

　なお，上場子会社や支配株主がいる上場会社では，少数株主の利益が一定程度実現できなければ，安心して投資ができないとして少数株主が株主からいなくなってしまいかねません。そのため，社外取締役が支配株主や親会社から少数株主の利益を保護しなければなりません。実際，最新のCGコードでは，上場子会社や支配株主がいる場合は，プライム市場では原則として取締役会において独立社外取締役を過半数選任するべきである，とされています。

　こうしたことから，独立した社外取締役が委員会においても過半数は必要と考えられます。

3　業務執行取締役の要否

　任意の委員会では，CEOなどの業務執行取締役が委員にいないと会社の現状がわからないという意見があり，そのような意見に沿って，CEOが委員会に参加している例が多いようです。

　しかし，委員は委員会において議決権をもっていることが重要ですが，任意の委員会への情報提供が，議決権をもつ者によってなされる必然性はありません。換言すれば，情報提供のみを行うが議決権をもたない参考人を呼んで資料を提出させ委員が協議をすることは全く問題なく，それに基づいて委員会として結論を出すことは十分可能です。業務執行取締役が委員として選任されないと委員会に情報が届かないというのであれば，それは委員の選任の問題ではな

く，委員会の運営や情報提供体制の問題です。

　ですから，業務執行取締役から情報や資料を受け取り，CEOやCOOからは参考人として意見を聞けばよく，委員に選任する必要は必ずしもありません。投資家も，最近はそのような事情を理解しています。こうしたことから，委員全員を社外取締役とする会社も少しずつ増えているようです。

Q41　監査等委員である社外取締役

監査等委員会設置会社における監査等委員である社外取締役とそれ以外の取締役は，どう異なるのでしょうか。

A 監査等委員は，会社法上，監査役と非常に近い職務と権限を有しており，かつ，取締役として取締役会において議決権を有しています。したがって，会社の業務執行や会計に対して，監査権限と義務がある監査等委員会の構成員として職務を執行する，という大きな違いがあります。

監査等委員会に属さない社外取締役は，会社法上の監査権限と義務をもたず，業務執行の監督に専念することになります。なお，会社法上の明文にない，いわゆる取締役会の構成員としての業務執行監査は可能です。

解　説

1　監査等委員会設置会社における監査等委員の地位と職務

(1)　監査等委員会設置会社新設の経緯

　監査等委員会設置会社は，平成26（2014）年の会社法改正により新しく認められました。監査役設置会社では監査役が取締役会で議決権をもたないことがおかしい，という海外投資家を中心とした批判に応えるべく，とはいえ委員会設置会社（現在の指名委員会等設置会社）では指名・報酬権限が社外取締役に委ねられることを回避したい経済界の意向が反映され，指名・報酬委員会のない委員会型の会社形態として認められたという経緯があります。

　そのため，監査権限を有する委員会が監査等委員会であり，社外取締役である監査等委員は，取締役でありながら監査権限を有する委員会の構成員である，

ということになります。

(2)　監査等委員と監査等委員会の権限

　監査等委員は，監査等委員会の構成員としての権限行使が原則であり，例外として単独で権限を行使できる場合は，取締役による違法行為の差止程度に限られています。

　監査等委員会は，業務執行監査と会計監査を行う権限と責任を有しています。

① 会計監査

　会計監査は，会計監査人が必ず設置されることから，自ら実査を行うことは否定されませんが，質・量とも多いため，専門家である会計監査人に委ねなければ充実した監査は困難です。また，独立した外部者に監査を委ねることも必須なので，会計監査人による会計監査は必須となります。そこで，監査等委員会の職務は，会計監査人が行う監査の適正性を判断する等の職務となります。具体的には，会計監査人と意見交換をし，会計監査人からの報告を受け，また会計監査人に対して意見を述べるなどのコミュニケーションを取ります。そして，監査等委員会が作成する監査報告において，会計監査人の監査の方法と結果が適正であるかどうかを報告する職務があります。

② 業務監査

　業務監査について，監査等委員会は，会社の適法性監査と妥当性監査を含めた幅広い監査を行う権限が認められています。監査役会設置会社では，法律上は監査役の権限は会計監査と適法性監査に限られるという見解が通説です。監査役は監査権限しかなく，適法・違法の監査は判断する権限があるが，業務の妥当性の判断は業務そのものであるから，これを判断する権限がない，ということがその理由です。

　しかし，監査等委員会は取締役である監査等委員によって構成され，取締役として業務に関する決定に参加しなければならず（取締役会の権限が各業務執

行取締役に委譲されても，重要な意思決定権限は取締役会に残ります），業務の妥当性についても判断する義務があります。換言すれば，それは業務執行の当否，すなわち妥当性についても意思決定に参加しなければならないことから妥当性監査権限と責任も同時に認められます。

③　取締役会の監督

監査等委員会は，「等」の文字が入っている語源・根拠ともなっている，取締役会の監督権限と責任をもっています。

監査等委員会は，社外取締役が過半数であり，業務執行者や長年勤務して昇格した取締役とは一線を画し，業務執行取締役を監督する地位と能力が期待されています。そのため，会社法上の権限として，監査等委員ではない取締役の指名と報酬については，株主総会でに対して意見を言う権限を有しています。無論，その権限は，株主総会での説明義務とあわせて考えると，指名と報酬に関して監督を行う義務がある，とも評価できます。

以上，監査等委員は，会社法上，最低でも，株主総会に対して指名と報酬について意見を言う権利と義務があることを通じて取締役を監督し，企業価値・株式価値の向上に貢献しなければならない立場にもあるといえます。

2　監査等委員ではない社外取締役との相違

(1)　社外取締役の選任目的

監査等委員ではない社外取締役は，監査等委員会の構成員ではありませんから，監査等委員会を通じて監査を行うことができません。また，株主総会に対して指名や報酬に関する意見を述べる権限，換言すれば株主総会において株主から質問があった場合に意見を説明する義務は，当該取締役にはそれぞれありません。

それでは，なぜ監査等委員ではない社外取締役が選任されるのでしょうか。それは，監査等委員会の権限と異なる方法で業務執行取締役を監督することが

考えられます。

(2)　監査等委員ではない社外取締役による監督

　それでは，監査等委員ではない社外取締役による監督とは，どのようなものでしょうか。

　代表的なものは，任意の指名委員会や報酬委員会を設置してその構成員となり，業務執行取締役を監督する，というものです。

　業務執行取締役の監督は指名および報酬で行い，業務執行の監査でチェックを行うことが，いまやコーポレート・ガバナンスの常識とされています。そこで，監査等委員会設置会社でも，CGコードに対応するため，監査役会設置会社と同様に任意の指名・報酬委員会を設置し，社外取締役による業務執行取締役の監督を行う仕組みが導入されつつあります。

　そのとき，一定規模以上の会社では，監査等委員会の負担が大きいことから，業務執行取締役の監督には相当の負担がかかるであろうことを懸念して，指名・報酬に関する監督権限を任意の委員会に付与し，監査等委員ではない社外取締役を委員に選任します。

(3)　監督権限の整理

　この場合，監査等委員会による意見陳述権などの監督権限と，任意の委員会による権限の重複がありますから，整理が必要となります。例えば，指名や報酬の制度設計や個別の人事や報酬は任意の委員会が決定し，監査等委員による権限行使は，任意の委員会の構成や手続など，任意の委員会の監督・監査を通じて行うといった権限の整理がなされ，権限の重複を回避しているようです。

Q42 | CGコード対応〜任意の指名・報酬委員会の設置

監査等委員会設置会社では，CGコードに対応するために，任意の指名委員会や報酬委員会を設置する必要はあるのでしょうか。

A 監査等委員会設置会社は，指名委員会や報酬委員会を設置しなくてもよい会社形態ですが，任意で指名委員会や報酬委員会を設置することは禁止されていません。

したがって，最近は，監査等委員会設置会社であっても，任意の指名委員会や報酬委員会を設置する例が増えており，そういった会社は，CGコード対応についてコンプライしています。

ただし，設置は義務ではありませんので，上場会社はエクスプレインできるのであれば，設置不要です。

解 説

1 監査等委員会設置会社における任意の委員会

(1) 会社法上は問題がない

元々，監査等委員会設置会社は，社外取締役に取締役の指名権限と報酬決定権限の主導権を握られないようにとの要望を反映した会社形態です。

しかし，CGコードにおいて任意の指名委員会や報酬委員会の設置が記述されるようになると，CGコードにはコンプライしなければならない，と考えた役職員が任意の（法定されていない）指名委員会や報酬委員会を設置する例が増加しました。

会社法上，監査等委員会設置会社では任意の委員会の設置は禁止されておりませんし，任意の委員会によって上場会社のコーポレート・ガバナンスが進化

するのであれば，歓迎すべきことでしょう。

(2)　監査等委員会設置会社制度の目的

　監査等委員会設置会社は，元々，指名，報酬，監査の三委員会を設置したくないが，監査を担当する役員にも取締役会での議決権を付与して海外投資家の理解を得たい，そして監査役制度について海外投資家がなかなか理解しないことを改善しよう，ということも目的として導入されました。

　実際，監査等委員会設置会社に移行する会社は，最初は任意の委員会を設置していませんでした。

(3)　任意の委員会を設置する理由

　2018年にCGコードが改訂されて，任意の委員会の設置が正面からCGコードに記述されたことから，監査等委員会設置会社であって，指名・報酬委員会を設置しなかった会社の中であっても，路線を変更して任意の委員会を設置する会社が増えるようになりました。

　しかし，任意の委員会設置の動機が，CGコードについて，コンプライすることが当たり前であってエクスプレインしてはならない，と誤解している会社も少なくないでしょう。また，実質の伴っていない任意の委員会を設置して，実質的には経営トップが依然として指名・報酬決定権限を握りつつも，外形からは推測しにくいように，と褒められない動機があるかもしれません。また，正面から自社には任意の委員会が必要であるとして，とはいえ指名委員会等設置会社に移行することは負担が大きいとして，任意の委員会を設置して，指名および報酬に関して委員会の決定を尊重したり従ったりする仕組みを設けた会社もあるでしょう。

2　首尾一貫しない弱点

(1)　監査等委員会設置会社の制度趣旨との齟齬

　前述のとおり，任意の報酬委員会や指名委員会を設置することは，監査等委員会設置会社の制定された歴史とは一貫しません。そして，株主や投資家から「指名委員会等設置会社にしなかったのは，どのような理由か」と聞かれ，その矛盾点が露呈してしまうことがあります。

　こうした質問に対して「指名委員会等設置会社では，指名委員会の決議を取締役会の決議で覆せないのはおかしい」という反論があります。たしかに，制度が硬直的で運用が難しい，という見方もあるでしょう。しかし，指名委員会等設置会社の指名委員会は，取締役会において取締役の中から選定されるのであって，基本的には取締役会と意見が異なることは多くないでしょう。あるとすれば，執行役を兼ねる取締役の希望する次期取締役が，指名委員会から見て不適当な場合であって，かつ，取締役間で十分調整ができていない場合でしょう。しかし，そのような状況は，指名委員会とその他の取締役のコミュニケーションが十分取れており，指名委員会に所属していない取締役が合理的な役員候補を想定していれば起こることがまずない問題でしょう。

　このように，取締役会の希望として，取締役会と委員会の指名が一致しないと公言することは，自社の取締役指名が必ずしも合理的でなかったり，指名委員会とのコミュニケーションが円滑でなかったりすることを認めてしまうことにもなりかねません。

(2)　意見陳述権との関係

　監査等委員会設置会社において，監査等委員会も，社外取締役が過半数であることから，業務執行取締役の監督も期待されています。そこで，監査等委員会設置会社の「等」の権限として，監査等委員以外の取締役の指名および報酬に関する株主総会に対する意見陳述権が設けられています。この意見陳述権は，

指名や報酬に関する決定は取締役会や委任を受けた取締役が行うが，これについて株主総会で自主的に意見を述べたり，株主総会において株主の質問に回答する場合に意見を述べる権利です。

すなわち，監査等委員会は，指名・報酬委員会ほど強力ではないものの，これに準じた権限を一部もっていることになります。

そうすると，任意の委員会を設けるとしても，こうした監査等委員会の意見陳述権との整合性をもった制度設計を行うことが大切です。

3　具体的な制度設計

監査等委員会設置会社が任意の委員会を設置する場合は，なぜ任意の委員会を設置するのかという理由を十分検討した上で設置することが必須です。

そして，監査等委員会の意見陳述権との関係に矛盾がないように，どのように株主や投資家に説明するか，ということを十分検討しておくことが大切です。具体的には以下のように監査等委員会との関係を整理することが考えられます。

(1)　監査等委員が全員任意の委員会に所属する

取締役の人数を少人数として，小回りのきく役員組織を希望する場合に適した方法です。

この場合，監査等委員会の意見陳述権は任意の委員会と取締役会の関係に集約されますが，取締役会の諮問に対する回答であれ，決議を取締役会が尊重する制度であれ，どちらであっても監査等委員の意見を聞いて決議することになり，意見陳述権と矛盾しないことになります。

もっとも，任意の委員会の構成が監査等委員以外の委員が過半数であった場合は（取締役の人数を少人数に絞ったことと一貫しませんが），監査等委員が少数派となり，監査等委員会の結論と離齬を来すことになりかねませんので，監査等委員以外の取締役を任意の委員会の委員に選任するときは注意が必要で

す。任意の委員会はできる限り，社外取締役が過半数であり，かつ監査等委員が過半数であったほうが，トラブルが少ないでしょう。

(2)　監査等委員会とは全く別の任意の委員会を設置する

　前述の(1)とは逆に，監査等委員会と全く別の人員構成で任意の委員会を設置し，監査等委員会は，任意の委員会の構成員が適切か，収集した資料が適切か，意思決定過程等の手続が適切かといった，手続面での監査・監督権限において指名・報酬に関する意見陳述権を行使すればよい，という考え方です。

　この場合，監査等委員会設置会社であっても多くの社外取締役を選任することとなり，比較的大規模な会社にとって可能な制度です。ただし，監査等委員会の権限を縮小してしまうのではないかという批判を受ける可能性があります。

＊　＊　＊

　以上のように，監査等委員会設置会社において適切に任意の委員会を設置することは，実は容易ではありません。そして，金融庁が開催するフォローアップ会議において，複数の委員から，上場会社の形態が3種類あるのは多すぎる，という指摘がありましたので，任意の委員会を設置した監査等委員会設置会社は，将来的に，指名委員会等設置会社に統合されることになるかもしれません。

Q43　監査等委員会設置会社における監査等委員である社外取締役の責任

監査等委員会設置会社において，監査等委員である社外取締役の責任は，どのようなものがあるのでしょうか。また，どのような場合に責任を負うのでしょうか。

A 監査等委員である社外取締役の責任は，法的責任と監督責任があります。

監査等委員である社外取締役は，業務執行取締役と異なり，業務執行に対する監督と監査の職務となるため，これらについての法的責任および法的責任に至らない監督責任が発生することになります。

また，法的責任の根拠法としては，会社法の他に，金融商品取引法上の責任を負う可能性もあります。

解　説

1　総　論

　監査等委員である社外取締役も取締役であることから，具体的な法令違反や会社法上の善管注意義務に違反した場合には，会社や株主等に対する損害賠償責任を負います。

　また，法的責任には至らない場合であっても，業務執行取締役の監督等において，不適切・不十分な職務執行を行った場合，または適切な職務執行を行わなかった（不作為）場合は，監督責任を負う場合があります。

2　法的責任

⑴　法的責任が発生する場合

①　取締役会の場面

　監査等委員である社外取締役は，自らは業務執行をしません。そのため，業務執行が法令違反や善管注意義務違反となるときは，取締役会に上程された違法なまたは善管注意義務に反している議案に賛成した場合や積極的に反対しなかった場合，また，報告事項において違法なまたは善管注意義務に反している業務執行に対して異を唱えない場合が中心となります。

②　他の取締役の違法行為を発見した場面

　社外取締役である監査等委員が，他の取締役の職務執行について違法または善管注意義務違反であることやそのおそれがあることを発見した場合は，取締役会の招集請求や違法行為差止請求などの会社法上認められている権限を行使して，当該取締役の行為を中断・中止・一時停止させたり，他の取締役の権限発動を促したりするなど，適切な対応を適時に取らなければなりません。

　たとえば，公認会計士である社外監査役の事例ですが，取締役会決議を経ない手形発行などの乱脈経営をしていた代表取締役に対して代表取締役の解職や内部統制システムの変更を求める取締役会招集請求を行わなかったことによる損害賠償責任が認められた例があります。

③　監査等委員としての職務執行における場面

　監査等委員である取締役は，監査等委員会の一員として，取締役の職務執行を監査し，また会計監査を行うことが重要な職務です。

　こうした監査に関する職務において，善管注意義務違反があれば，法的責任を負うことがあります。たとえば，粉飾決算に関する内部通報が監査等委員会や当該取締役にあったにもかかわらず取り上げなかった場合，会計監査人から指摘があったにもかかわらず十分な調査を行わず適正であると会計監査人を説得した場合，不備のある書類を隠匿した場合，などが考えられます。

(2)　法的責任の内容等

①　会社に対する会社法上の責任

　会社法上は，会社に生じた損害を，関与した取締役等全員で連帯して負担するという，会社に対する損害賠償責任が発生します。監査等委員に対しては代表取締役が損害賠償請求を行い，訴訟提起をすることになりますが，代表取締役が請求しない場合であっても株主による責任追及の訴え（いわゆる株主代表訴訟）が提起されることになります。

　会社に生じた損害は，時には多額となり取締役の財産のみでは賠償しきれない場合もあります。実際，800億円超，500億円超，といった判決も出ていますし，近時は，不祥事によって必要となった第三者委員会の調査費用が善管注意義務違反と因果関係がある損害として認められています。

　もっとも，社外取締役の場合は責任限定契約が締結されていれば報酬の2年分を超える損害賠償金は免除されますし，役員賠償責任保険に加入していれば，自ら積極的に違法行為に加担せず専ら監督責任が問題となる場合には保険金により損害賠償額（免責金額は控除されます）が補塡されることになり，個人的な負担が多額とならない仕組みもあります。また，会社補償契約があれば，その契約に基づき補償されることもあります。

　これらの制度は，いずれも社外取締役が善意無重過失の場合に限られますので，必ずしも適用されるとは限らず，また保険には限度額があり，頼り切らないほうがよいでしょう。

②　第三者に対する会社法上の責任

　会社の債権者などの第三者に対しては，社外取締役が重過失により任務懈怠があった場合には，損害賠償責任を負います。たとえば，前述の代表取締役による手形の濫発においてそれを知りつつ「見なかったことにした」場合や，会社の実印を第三者に貸し出している事実を把握しながら放置した場合などが考えられます。

　第三者に対する責任については，責任限定契約等は適用されませんし，重過失があれば役員賠償責任保険も免責事由に該当して保険金は出ないでしょう。会社補償も重過失では認められないでしょう。

③　金融商品取引法上の責任

　会社が，有価証券報告書など金融商品取引法上の法定開示書類に虚偽記載を行ったり重要な記載が欠けたまま開示をしたりした場合，株主や投資家に対して損害賠償責任を負うことがあります。このとき，会社だけでなく，虚偽記載のある有価証券報告書等を提出した時点での取締役等にも損害賠償責任が発生し，その取締役等は，相当の注意を用いたにもかかわらず虚偽記載を知らなかったことを証明しない限り責任を免れられないという，免れにくい責任を負います。

　また，この責任は責任限定契約が認められませんので注意が必要です。そして，この損害賠償金は多額になる可能性があるため，役員賠償責任保険の保険金額の上限を上回ることがあり，また役員賠償責任保険では米国での証券訴訟は不担保とするなどの特約もあることから，役員賠償責任保険も頼り切るわけにはいかないのが実情です。

3　監督責任

　社外取締役が監督責任を負う場合としては，経営不振が続く場合と，業務執行取締役の不祥事において善管注意義務違反に至らない程度の監督責任があります。

(1)　監督責任が発生する場合

　まず，業績不振の場合は，業務執行取締役候補者の選任や代表取締役の選定など，人事に関しての責任を負うことがあります。この場合，人事に関するルールやサクセッションプランなどの取締役候補者の育成計画の不備などに対す

る責任も含まれます。

　また，報酬に関する責任も発生するでしょう。業績不振であれば，適切なインセンティブを業務執行取締役にもたせる報酬制度に不備があったのではないか，個々の取締役の業績連動報酬の報酬額が不十分だったのではないか，逆に業績不振の割には過大な報酬を支払っていたのではないかという場合が考えられます。この他に，不祥事を起こした取締役に対する報酬の減額が十分でない，報酬返還制度（クローバック）が不備であるなどの不祥事に関連した報酬問題も考えられます。

(2)　社外取締役の監督責任の取り方

　以上述べた監督責任については，いずれも法的責任には至らないものであることから，会社に対する損害賠償責任とはなりません。

　しかし，全く何もしなくてもよいか，というと決してそのようなことはありません。

　まずは，経営不振の責任を取って業務執行取締役が辞任したり自ら不再任を申し出たりすることがありますが，こうしたときに任命責任があるとして，社外取締役が同時に，あるいは適切な時期に辞任や不再任を申し出ることがあります。

　また，株主や投資家からの要望に応じて辞任・不再任とする場合も考えられます。

　その他に，辞任や不再任に至らないまでも，報酬の返上が考えられます。監査等委員である社外取締役の報酬は，適正な職務執行のために独立させる必要があることから，取締役会決議等で一方的に減額することはできません。そのため，監督責任を社外取締役が認めた場合に自主返上という形式を取ることになります。

第4章

社外取締役と株主総会

Q44 株主総会に係る社外取締役に求める対応

定時株主総会について社外取締役には何を依頼することになりますか。

A 大きく分けると，社外取締役には，以下の4つの場面での対応を依頼することになります。

① 事業報告や参考書類については，社外取締役による内容の確認が必要です。

② 想定問答については，事務局で作成して社外取締役に内容の確認を求めます。

③ リハーサルは，最低でも1回は出席してもらったほうがよいでしょう。

④ 株主総会当日は，社外取締役だけが回答できる質問については，必ず議長が指名することになりますので，あらかじめ準備をお願いしたほうがいいでしょう。

解　説

1　株主総会に対する社外取締役の関与

最近の株主総会は，出席株主が遠慮なく発言し，それに対して議長（社長）をはじめ，取締役や監査役が，誠実に回答をするという会社が増えてきました。中には，株主からの質問を嫌がる社長さんもいらっしゃいますが，その一方で，質問がないと物足りない，と仰る社長さんもいらっしゃいます。

このように，最近の株主総会では，出席株主と取締役の対話が行われること

が，ごく普通になってきました。

　そうしますと，社外取締役であっても，こうした流れに逆らうわけにはいかないのが現実です。実際，社外取締役に対して，社外取締役でなければ回答できない質問が散見されるようになりました。

　そこで，会社としては，社外取締役にも株主総会に出席することだけでなく，質疑応答への参加など，全面的な参加を依頼することになります。このとき，株主総会の開催にあたっては，指導担当弁護士や証券代行（信託銀行）の担当者などが来場しますので，そういった方々と社外取締役のコミュニケーションも忘れないでおきたいところです。

2　具体的な社外取締役の関与が必要な場面
(1)　事業報告および株主総会参考書類の確認

　株主総会の準備段階では，事業報告と株主総会参考書類の作成が大変です。基本的にミスが許されず，これらの書類が株主総会のベースとなっているので，1つのミスが当日まで祟ることになります。

　そのため，作成については慎重に行うのですが，作成部署としては，どうしても見落としがあったり，より好ましい記述が可能であっても気がつかないことがあります。

　まずは，株主総会参考書類の役員選任議案の経歴・生年月日等，事業報告中の取締役の兼職状況，取締役会への出席状況を含めた社外取締役の主な活動状況については，社外取締役それぞれの記述の正確性が要求されることから，社外取締役に確認をいただくことは必須となります。

　次に，全体を確認いただくことを検討します。従前は完成後に送付していた（広義の）招集通知を，原稿やゲラの段階で社外取締役に見てもらい，意見を求めることが有益です。多忙な社外取締役は十分検討してくれない可能性がありますが，株主総会の経験が豊富な弁護士などの社外取締役であれば，有益な

アドバイスが得られるかもしれません。

(2)　想定問答集の確認

　株主からの質問が予想される時勢柄，社外取締役についても想定問答集を作成して，社外取締役に確認してもらうことが重要です。

　想定問答集に準備をしておいたほうがよい項目は，社外取締役による業務執行取締役の監督に関連する質問です。この質問については，監督される立場の議長が回答するわけにはいかないので，社外取締役が回答することになります。例えば，役員選任議案に対する意見，役員報酬に関する金額や支給内容，KPIなどについて，また，不祥事があれば，その不祥事対応について，社外取締役の視点から想定問答を作成することになります。

　なお，どの質問をどの社外取締役が回答するか，については，想定問答集作成の段階で検討し，当日は，議長が誰を指名すればよいか迷わないよう，事務局から議長に指示を送ったほうがよいでしょう。

(3)　リハーサル対応

　株主総会で質問が想定される以上，社外取締役も出席して説明義務を果たさなければなりません。しかし，株主総会に出席して，特殊な雰囲気の中で，見栄えのよい立ち居振る舞いと質疑応答を正しく行うことは，ぶっつけ本番では容易ではありません。

　そこで，社外取締役も，入退場から質疑応答まで，株主総会のリハーサルに出席してひととおり体験することで，当日のミスを減らすことができます。

(4)　株主総会当日

　株主総会の当日については，基本的にはリハーサルに出席してもらっている限りあまり心配はありません。ただし，質疑応答の場面になり，社外取締役で

なければ回答できない質問が出てきます。

　そこで，議長が質問を整理して，担当社外取締役を指名することになるので，議長の指名を受けてから社外取締役が回答します。

　社外取締役に対して質問がないことも十分考えられますが，事前の準備をしていないときに限って質問が来る，ということも考えられます。

　このように，社外取締役も，株主総会に向けての準備を行うことが大切なので，事務局としても，そのお手伝いをしなければならなくなっています。

Q45　株主総会のリハーサル時の留意点

定時株主総会のリハーサルでは，社外取締役にどのようなところを気をつけてもらえばいいでしょうか。

A 株主総会は，会社にとって重要な意思決定を行う場として，儀式のような側面を持ち合わせています。そのため，議事進行の形式に慣れておく必要があります。

また，株主総会の中心である，株主と会社役員の質疑応答の練習は，社外取締役において，質問内容を理解し，聞かれたことに端的に回答することを意識していただくことが重要です。

解　説

1　議事進行への参加

(1)　入場時

まず入場時から，社外取締役にも従っていただきたいポイントがあります。まず，会場に入り際の一礼，自席への着席前の一礼，全員入場した段階での一礼（スタッフの合図により一礼を揃える会社もあります），という「一礼」の機会が多いので，これを確実に他の取締役と揃えて行うことが必要です。

(2)　議事開始後

起立と着席はあまり行いませんが，お辞儀は必ず何回か行います。例えば，議案可決時のお礼としての一礼が代表的でしょう。これは，可決する議案の数だけ行うことになりますので，意外と大変です。

また，再任取締役でも，紹介時や採決時，また最後の挨拶など，どれを行っ

てどれを行わないかをあらかじめ確認して，うっかりがないよう，準備をして
いただくことになります。

(3)　総会終了時

　議長の宣言後，退場することになります。どのタイミングでお辞儀をし，横
を向き，歩き出すか，意外と難しいものです。また，自席で株主の全員の退場
を見送る会社もあります。その場合は，株主が不規則に質問を求めてきた場合
などについて，あらかじめ確認をしておくのがよいでしょう。

2　質疑応答の練習

　質疑応答場面では，まず，株主の質問と嚙み合った回答をしていただくこと
が重要なので，その練習となります。そのため，過去に他社で出された質問を
調査して，実際に社外取締役に質問をして，議長が社外取締役を指名して回答
の練習を行うことが大切です。このとき，質問の内容について，想定問答と似
て非なる質問をしてみるなど，想定問答を丸暗記するのではなく，要点を把握
してほしいといった希望を伝えます。むろん，内容についても正確に回答がで
きたかどうか，立ち会いの弁護士に確認し，アドバイスを受けることも重要で
しょう。

　その他に，形式的なことですが，自席でマイクを持って答弁するのか，答弁
席に移動するのか，といったことや，社外取締役が，この回答は私が回答をし
たほうがよい，と思った場合に議長にどのように伝えるか，といったいろいろ
な場面での対応を練習することも大切です。

3　その他

　株主総会前日にリハーサルを行うことは，よくあることです。会場を前日午
後から翌日午後まで借り切ることで，会場の設営を余裕を持って行い，またリ

ハーサルも現地で行うことができるからです。

　そして，リハーサル後は，万が一の交通途絶などのリスクを考慮して，役員全員が徒歩圏内に宿泊して当日に備えることが少なくありません。この場合，役員同士で夕食を取ったり懇親会になったりすることも考えられます。社外役員が常勤役員と会食等を行う機会は貴重です。

　ただし，翌日が定時株主総会なので，ほどほどにしていただきたいところです。

第5章

社外取締役の不正・不祥事対応

Q46　不正・不祥事発生認識後の初動対応

法務や内部監査，内部統制部門などが不正・不祥事の発生を認識した場合，初動対応として，社外取締役にどのように応対することが適切でしょうか。

A 担当取締役の了解は必要ですが，社外取締役に対して，迅速に，現在把握している事実を包み隠さず報告する必要があります。その上で，社外取締役からの要望，アドバイス等々を聞き出して，業務執行取締役に伝達することが大切です。

解　説

1　社外取締役への報告

(1)　報告の要否

　一般に，不祥事は，不正を行った役職員からの自白，税務調査，会計監査人からの報告，内部通報などにより認識することが考えられます。このときは，一部の業務執行取締役や従業員の中だけで共有するのではなく，社外取締役に対しても迅速に報告をする必要があります。

　すべてが明らかになったときに報告すべきでは，と考える方がいるかもしれません。また，不祥事かどうかわからないから，明らかに不祥事だとわかるまで様子を見たほうがいいのではないか，というような意見が出るかもしれません。しかし，それは縮小バイアスがかかっている意見かもしれませんし，経営側に忖度した意見かもしれません。むしろ社外取締役の知見やノウハウ等を活かすために，そして独立した立場からの社外取締役の客観的かつ中立的な意見

を聞くために，社外取締役には迅速に報告しなければなりません。たとえ不祥事であること自体が不明確であっても，不祥事であるかどうか等の分析や不明確な時点での対応方法などの意見を聞くことも大切ですから，迅速な報告は必須です。

(2)　社外取締役に聞く意見の内容

　社外取締役は，豊富な経験と知見に基づいて，報告を受けた結果いろいろな意見をもつでしょう。そのため，以下の事項について意見を聞くことが大切です。

　たとえば，監督官庁等があればどのように監督官庁等に報告するか，上場会社の場合はどのように証券取引所に報告したり，いつどのような開示をしたりするべきか，従業員や取引先にいつどのように説明するか，といったことについて意見を聞くことは必須です。また，そもそも不祥事かどうかについて，さらにどのような点について調査をすればよいかのアドバイスもあるかもしれません。

　また，近時は不祥事を認識した場合は不正調査を行うことが当然ともいわれていますが，この調査の体制について，第三者委員会を立ち上げるのか社内調査でよいのか，対策チームや対策本部のメンバーの適切性といった点の意見を聞くことも必要になってきます。また，第三者委員会を組成する場合は，業務執行取締役が委員を選定すると「手加減をする第三者委員会ではないか」と疑われる可能性がありますので，社外取締役に第三者委員会の委員について意見を聞いたり候補者を紹介してもらうことも考えられます。

　場合によっては，社外取締役自身が調査委員会の委員を務めることもあります。

2　社外取締役の意見聴取後

　社外取締役の意見を聴取した後は，担当取締役にその内容を報告することになりますが，社外取締役の意見は，客観的かつ独立した意見であったり，冷静な判断に基づくことから，可能な限り尊重する必要があります。

　通常は，不祥事発生を認識した場合は対策本部が設置されたり対策チームが組成されることになりますが，こうした組織の中で社外取締役の意見を共有し，問題解決に向けて手配をすることになります。たとえば，対策本部について構成メンバーの入れ替えをしたり，意見交換や報告の体制についてアドバイスを受け入れて調整したりすることが考えられます。

　また，第三者委員会の設置を求められたら，社外取締役の推薦を受けた委員の候補者探しを進めたり，第三者委員会調査を受け入れる体制を整備したりすることや，社外取締役に対する定期的報告など，様々な態勢整備を行うことになります。

　以上のように，不祥事を認識した場合，業務執行取締役は利害関係が生じるなど適格性を欠くことも多いことから，可能な限り社外取締役の意見を尊重することが必要となります。

Q47　調査委員会の組成

　取締役会が不正や不祥事を認識した場合，社外取締役が独自に調査委員会を組成して調査を行いたいと主張した場合，どう対応すればよいでしょうか。

　また，監査役や監査等委員が同様の主張をした場合は，どう対応すればよいでしょうか。

A　社外取締役が不正や不祥事について，調査委員会を組成して調査を行いたいと主張した場合は，取締役会で審議の上，採決をすることになります。このとき，不正や不祥事に関わった取締役や，管轄部署における不正や不祥事であった場合の担当取締役は，特別利害関係者として審議および採決からは排除しなければなりませんので，注意が必要です。

そして，調査委員会の組成が可決された場合には，社外取締役の調査を補助する専門家と契約をする権限を取締役会で決議の上付与することも必要です。

なお，社外取締役の監視・監督責任が問われる可能性がある場合は，社外取締役による調査は認められず，第三者委員会を組成せざるを得ないでしょう。

一方，監査役や監査等委員会による調査の場合は，業務執行監査，特に適法性や取締役の善管注意義務に関する調査となることから，取締役会決議は不要です。そして，原則取締役会がこれに容喙（ようかい）することは認められませんので，注意が必要です。

解　説

1　社外取締役による不正や不祥事調査の是非

　不正や不祥事が発生した場合，これらの調査を社外取締役が行うことは決して珍しいことではなく，日本でも実例はあります。

　海外，特に米国では，社外取締役が取締役会の過半数を占めることが多く，また，取締役会は株主の代理人として業務執行者を監督する立場であることから，社外取締役自身が調査を行ったり，社外取締役が契約した外部専門家が調査を行ったりすることは決して珍しいことではありません。この場合，取締役会が委員会を組成する例があったり，監査委員会が監査権限に基づいて調査を行ったりすることもあります。

　むしろ，社外取締役，特に独立社外取締役が調査を行う場合は，業務執行取締役との間の利害関係が希薄であり，客観的な調査を行うことが期待できるため，好ましいと考える株主や投資家，証券取引所その他利害関係者も少なくないでしょう。

　したがって，社外取締役が調査委員会を組成したいと主張した場合は，その意向を十分汲み取って手続を進める必要があります。

　ただし，社外取締役自身にも責任が問われる事実関係が予想される場合は，社外取締役といえども調査対象となることから，自ら調査を行うことは認められず，第三者委員会に委任することにならざるを得ないでしょう。

2　調査の許否に関する手続

(1)　取締役会決議の必要性

　社外取締役が不正や不祥事に関する調査を行いたいと主張しても，社外取締役に不正や不祥事の調査を行う権限が会社法上認められているわけではありません。そのため，取締役会で十分審議の上，調査権限を付与しなければなりません。

　この場合，特定の社外取締役に権限を集中させることへの懸念や客観的かつ丁寧な調査および事実認定の必要から，特定の社外取締役に権限を付与するのではなく，複数の委員によって構成される調査委員会に権限を付与するものとして，調査委員会の構成員として社外取締役を選定することが多いようです。場合によっては，社外取締役と外部の独立した専門家の組み合わせとなることもあります。

(2)　取締役会決議に際しての留意点

　取締役会を開催し，審議と決議をする場合には，注意が必要です。

　まずは，その不正や不祥事に取締役が関与していた場合は，当該取締役は特別利害関係者として，決議だけでなく審議にも参加できません。参考人として呼ばれた場合には出席の上説明できますが，聞かれないことを説明したり他の取締役を説得する権限はありませんし，退席を求められたら，退席しなければなりません。無理に出席した場合，特別利害関係者に該当するかしないかは事例によって結論が分かれますが，調査委員会設置決議が無効となったり，調査委員会の調査結果が無効・やり直しとなるリスクがあります。

　したがって，実務上は，無効となるリスクを回避することが適切ですので，該当する取締役を審議および決議から排除しなければなりません。

　このとき，不正や不祥事が多部門にわたる場合，たとえば販売部門と購買部門と経理部門が不正に関わっていた場合は，複数の取締役が特別利害関係人となる可能性があり，少人数の取締役で決定することになります。

(3)　その他の手続

　社外取締役が調査委員会を組成して調査を行う場合，会社法上の権限が特別認められるわけではありませんので，具体的な権限の付与が必要です。たとえば，外部の独立した専門家に調査協力を依頼する場合は業務委託契約が必要と

なりますが，この契約の締結権限の付与が必要です。

　このことは，会社法上認められた権限として，業務執行取締役との利益相反関係があることから，社外取締役が構成員となる調査委員会に，外部専門家との契約権限や自ら調査を行うこと，外部に意見等を発信することについて取締役会において審議の上決議する必要があります（会社法348条の2）。

(4)　第三者委員会の組成が必要な場合

　なお，社長や会長，CEOやCOOが不正や不祥事に関わった場合，その他の業務執行取締役が不正や不祥事に積極的に関わった場合は，取締役会自身が信用性を失い，社外取締役も監視・監督責任を問われる立場となります。また，社外取締役自身が取締役会決議などで関わっていたり，不正や不祥事に関する情報を得ていたりする場合などは，利害関係が発生している可能性があります。

　そのため，証券市場その他の利害関係者の信頼回復のためには，第三者委員会を組成することとなり，社外取締役が調査委員会に加わることができない場合もありますので，注意が必要です。

3　監査役による調査の場合

　監査役や，監査等委員会は，異論もありますが，不正や不祥事については，業務執行監査として調査を行うことが職務権限として会社法上認められています。そして，業務執行監査の結果，取締役による任務懈怠が認められた場合は，責任追及をする権限と義務があると解されます。

　そのため，こうした業務監査権限に対して取締役が容喙することは，監査役や監査等委員会の監査に対する妨害行為とも受け取られます。そして，監査拒否は認められませんので，協力することが必要です。このように，監査役等の調査に対して，これを拒否する，または協力しないということは認められず，それ自体が二次的な不祥事ともなりかねませんので，注意が必要です。

　これに加えて，監査役や監査等委員会の調査は業務監査権限の一環である以
上，外部専門家との契約も権限があると解されますし，各種費用の支払や監査
役や監査等委員が負担した費用の償還も認めなければなりません（会社法380
条）。

Q48 不正・不祥事発生に係る社外取締役の責任

通常，発生した不正・不祥事については，業務執行取締役に責任が生じることになると思いますが，社外取締役が責任を負う場合はあるのでしょうか。

A 社外取締役には，業務執行権限もなく，会社法上認められている権限はほとんどありません。しかし，他の取締役等の不正や不祥事があると疑いをもった場合には，取締役会の招集請求権を行使したり，監査役に報告したりするなどの会社法上の権限を行使しなければなりません。また，会社法上の権限でなくとも，他の取締役や会計監査人との意見交換や協議も重要です。

こうした対策を取らなかった場合や，他の取締役と協議等を行ったにもかかわらず具体的な行動を起こさなかったり，取締役会で必要な発言を行わなかったりした場合は，責任を負うことがあります。

解 説

1 社外取締役が法的責任を負う場合

社外取締役は，取締役会の一員としての権限および義務があります。しかし，監査等委員会設置会社の監査等委員でない限り，その権限は業務執行取締役や監査役と比べて，非常に限られています。たとえば，内部監査担当取締役であれば，内部監査権限の一環として不正や不祥事の調査を行うことができるでしょう。また，監査役であれば，業務監査権限に基づく調査ができますし，さらには，会社に著しい損害を及ぼすおそれがあると判断した場合は，取締役の行為差止請求（会社法385条）も可能です。

　これに対して，社外取締役に前述の権限がなく，行使できる権限が限られていることから，その責任が発生する場合も限られてくることになります。

2　社外取締役の権限

(1)　監査役への報告義務

　会社法357条1項によれば，取締役は，株式会社に著しい損害を及ぼすおそれのある事実があることを発見したときは，直ちに，当該事実を監査役や監査役会に報告しなければなりません。たとえば，不正や不祥事が発生しているのではないかと確信を抱いたときは当然として，疑いをもった場合であっても，監査役や監査役会に報告しなければなりません。そして，社外取締役についてもこの条項は適用されます。その趣旨は，監査役の権限発動を容易にすることと一般的に解されていますが，社外取締役との関係では，取締役自身は取締役会で特別な権限を与えられなければ調査権限も何もなく，不正や不祥事を発見しても手出しができないため，監査権限をもっている監査役や監査役会による監査・調査権限の発動を依頼すること，また，不正・不祥事か否かは判然としないことが多く，複数の役員で協議をして対応を検討することが重要であることにもつながっていると解することもできます。

　つまり，社外取締役は，監督権限と職務があるといっても，法律上は明確な権限がなく，取締役会での発言権や任意の指名・報酬委員会の委員としての権限を授与されることはあっても，事件発生前から不正や不祥事の調査権限はまず与えられないでしょう。そこで，監査役や監査役会に対して報告をする義務を課すことで，不正や不祥事を社外取締役が認識した場合であっても，他の役員によって適切な対応が期待される仕組みとなっています。

　逆に，不正や不祥事の疑いを認識したにもかかわらず監査役や監査役会に報告しなかった場合は，「しなかった責任」（不作為）に基づく会社法357条違反として責任を負う可能性が生じてくるのです。

⑵　取締役会招集請求権

　取締役に業務執行権限を与えたり，業務執行に対する内部統制システムを運用・変更したりすることができるのは，取締役会だけです。ですから，取締役1人ひとりは強力な権限をもっていなくとも，取締役会が各種権限を発動することで，不正や不祥事を未然に防いだり，調査を行って全貌を明らかにし，再発防止策を策定したりすることができます（なお，取締役の責任追及は監査役が，監査役の責任追及は取締役会や代表取締役が行うことになります）。

　また，取締役会は，特定の取締役による不正や不祥事が発生し，あるいは今後発生するおそれがあるときは，当該取締役の権限を剥奪したり社内ルールを変更して内部統制の強度を上げるなどの対応を取ることができます。取締役会が，こうした権限を発動するのは，取締役会の招集（会社法366条）によって，取締役会が開催され，取締役会決議がなされるときです。その取締役会開催のきっかけは，招集権限のある取締役による取締役会招集（同条1項）や，招集権限のない取締役による取締役会招集請求（同条2項）です。

　そのため，各取締役は，不正や不祥事のおそれがあると認識したときは，取締役会の招集権限を有する取締役（通常は会長や社長）に対して，取締役会を招集するよう請求しなければなりません。

　この請求は口頭でもかまいませんが，後々問題が大きくなって裁判となった場合の証拠のことを考えると，文書や電子メールのほうが好ましいでしょう。

3　現実的な権限行使の可能性
⑴　権限を行使する機会

　社外取締役については，監査役への報告義務と取締役会招集請求権を適切に行使しなければ，責任を負う可能性があります。しかし，社外取締役にこうした権限があったとしても，権限を行使する必要がある機会であることを認識していなければ，権限の行使はできないでしょう。すなわち，他の取締役や従業

員によって不正や不祥事が行われていたとしても，不正や不祥事が行われていることを知らなければ，また，不正や不祥事を認識できる程度の正常でない事実関係を知らなければ，権限の行使は期待できないでしょう。

(2)　作為義務の有無

　いい換えると，不正や不祥事が行われていることを知らなければ，また，不正や不祥事を認識できる程度の正常でない事実関係を知らなければ，権限の行使は事実上不可能です。これを法律的に置き換えると，権限を行使しないという不作為（しないこと）があっても，作為義務，つまり権限を行使する必要性を認識していないのであるから，その義務が発生しないため，社外取締役には責任が発生しないということです。

　逆に，一般的な取締役であれば不正の可能性があると認識できる程度の事実を認識していながら，「その程度なら大丈夫であろう」とたかをくくって何もしなかった場合，事実を認識し作為義務が発生しているにもかかわらず，必要な行為を行わなかったとして，作為義務違反に基づく責任追及がなされる，ということになります。

(3)　社外取締役の作為義務

　社外取締役は，通常非常勤ですから，社内に常勤する取締役や常勤監査役と異なり，生きた情報がタイムリーに入ってくることはまずありません。そのため，通常，不正や不祥事があったからといって当然のように責任を負うわけではありません。実際，社外取締役や社外監査役に責任が問われている裁判例はほとんどありません。

　しかし，代表取締役による手形の濫発を知りつつ必要な対策を行わなかった社外監査役や，常勤監査役が常勤していないなどの状況も含めて監査を十分に行っていないことを知っていた社外監査役，取締役会がなんとなく不祥事を公

表しないかのような雰囲気で進行したことについて異を唱えなかった社外役員などの事案に対しては，損害賠償請求が認められています。ですから，「怪しい」と思ったら，社外取締役の間で情報交換や協議をしたり，監査役（会）に報告したりするなど，１人で抱え込まないで情報を必要な範囲で共有することが大切です。

4　社外取締役への責任追及

　前述のとおり社外取締役に法的責任が発生する可能性はありますが，現実にはあまり例がありません（監査等委員は監査役に準じて考えます）。

　というのも，不正や不祥事については業務執行取締役のほうが関与が深く，社外取締役のほうがより不正や不祥事に関わっていたり不正を指揮していたりすることはまずないからでしょう。

　監査役については，社外取締役以上に不正や不祥事の情報を得やすく，これらに対応できる可能性が高いことから，仮に責任が発生するとすれば，社外取締役よりも責任が重いのではないかとも考えられます。

　また，業務執行取締役は会社法上，社外取締役に法的責任を追及できません。社外取締役は業務執行取締役を監督する立場ですから，監督する者に対して監督される側の者が責任追及をするというのは，違和感があります。

　一方，監査役であれば，社外取締役が職務を正しく執行しているかどうか，業務執行取締役に対する監視・監督が不十分でないか等を調査し，法的責任があると思えば責任追及をしなければなりません。しかし，社外取締役が責任を負う場合は，前述したとおり，かなり限られてくるのではないでしょうか。

　なお，従前は，取締役や監査役は同僚であることから責任追及がしにくいとのことで，役員責任の追及といえば専ら株主代表訴訟が主流でした。しかし，近時は，不祥事発生後に取締役会の取締役全員や監査役が交代したり，株主構成が大きく変動して取締役と監査役の構成が変わったりしたとき，いわゆる

「政権交代」が起こったときは，株主代表訴訟を起こされるか否かにかかわらず，会社が旧取締役や旧監査役に責任追及をすることがあります

　この場合は，新旧経営陣の間の人間関係は希薄であって新経営陣が旧経営陣に遠慮をする気持ちになりにくいこと，不祥事発生後に再発防止と責任追及が行われることが常識となりつつあること，特に，旧経営陣に対して責任追及を行う可能性があることが不正の抑止効果ともなること，等の理由があります。ですから，旧経営陣（業務執行取締役）や旧監査役だけでなく，当時の社外取締役に対しても法的責任追及が行われる場合があります。こうしたときに，社外取締役がどういった事実関係を把握していたか，また，どのような対応をしたかが大きな争点となります。

Q49　社外取締役と記者会見

　不正・不祥事に関する記者会見については，開催の有無など社外取締役に一任することは可能でしょうか。また，社外取締役が記者会見に出席することは可能でしょうか。

A　社外取締役が不正や不祥事の調査委員に就任して調査を行って結果を公表した場合には，記者会見を行うかどうかを決定するのは，業務執行取締役が利害関係者ばかりであれば，主に社外取締役となります。一方，利害関係のない業務執行取締役がいれば，社外取締役と調整をすることが必要でしょう。このように，記者会見について社外取締役が関与するかどうかは取締役会の構成員の中に，不正や不祥事と無縁の業務執行取締役がいるかどうかによって分かれることになります。

　むろん，記者からの質問に対応するためには，調査を行った社外取締役が出席することが合理的です。

解　説

1　社外取締役が不正や不祥事の調査を行うことがある

　不正や不祥事を役員が認知した場合，近時は調査が行われることが通常であり，役員の善管注意義務の一環として調査が開始されます。ただし，業務執行役員が不正や不祥事に関与しているなど，業務執行役員の調査では社会や投資家等に信頼されない可能性がある場合は，社外取締役が中心となる委員会や，独立した外部者で構成する第三者委員会が組成されることになります。

　そして，調査が進んで調査結果を公表したところ，マスコミから記者会見の要請があった場合，当該要請を受けるかどうかは非常に難しい問題となります。

2　社外取締役と業務執行取締役の見解の相違

　調査結果（原因分析や再発防止策の提言）に業務執行取締役が納得していれば問題はないでしょう。しかし，納得できない場合は少々難しい問題となります。業務執行取締役としては，会社の信頼性，取引先への影響，今後の会社のビジネス展開への影響，会社の評判，株価その他多くの要素を検討して記者会見の可否を決定しますが，社外取締役との間で見解の相違が生じることがあります。

　しかし，業務執行取締役の調査では信頼性が低いからこそ社外取締役が参加する委員会で調査を行ったことからすると，業務執行取締役の見解をそのまま採用していいかどうかは問題が残ります。特に，利害関係のある業務執行取締役の判断の場合，不正や不祥事の利害関係者としての判断ともなり得ることから，業務執行取締役の判断を，そのまま社外取締役が受け入れることはまずないでしょう。

　結局のところ，記者会見の要否については，利害関係のない業務執行取締役がいればともかく，そうでない場合は，社外取締役に一任する他ない，ということになります。

3　記者会見と業務執行該当性

　記者会見が業務執行に該当するので社外取締役は執行できないのではないか，という疑問も生じるでしょう。しかし，会社法改正により，業務執行取締役に利益相反性がある場合は，取締役会決議により社外取締役が一定の範囲の業務執行を行うことができるとされました。したがって，取締役会決議において，不正・不祥事対応の委員会の組成を社外取締役に認める場合，委員会の職務に付随する対外折衝や公表も権限として認めることになりますので，記者会見もその権限の範囲内となります。したがって，記者会見の開催は，会社法上からも，取締役会決議を行った以上，社外取締役に一任することになると思われま

す。

　また，記者会見で説明したり質疑応答を行ったりすることもまた同様に，取締役会の決議の範囲内となるでしょう。

　なお，こうした不祥事調査の結果に関する記者会見が行われるとき，利害関係のない業務執行取締役の出席は問題ありませんが，利害関係のある業務執行取締役が出席する場合は，記者会見出席者から厳しい質問が集中する可能性があることに留意する必要があります。

4　第三者委員会が組成された場合

　第三者委員会の場合，その組成がどのような手続により行われたかが重要となります。まず，業務執行取締役が関与して第三者委員会が組成された場合，調査結果の開示等については，第三者委員会の組成を承認する取締役会決議によって業務執行取締役が担当することになるでしょうから，社外取締役が関わることは，ほとんどないでしょう。

　一方，第三者委員会でも，業務執行取締役が選任した委員では信頼が置けないと，業務執行取締役ではなく社外取締役が選定に関与する例も考えられます。この場合は，第三者委員会の人選等が業務執行に該当するとしても，第三者委員会の組成は重要事項として取締役会が決議するでしょうから，そのような場合も，社外取締役が開示の職務を担わなければ（開示担当部署に対して指揮命令をする立場となります）一貫性が保てませんので，社外取締役が開示の一環として記者会見に出席することになるでしょう。

第6章

社外取締役の評価

Q50　社外取締役の職務の実効性評価

社外取締役の職務の実効性評価をするという考え方はありますか。
あるとすれば，どのように進めればよいのでしょうか。

A 社外取締役自身の実効性評価については，独自に行われることは
あまり聞きませんが，取締役会の実効性評価の一部となることは
あるでしょう。

また，指名委員会や報酬委員会について実効性評価をすることが
適切ではないか，という見解があります。両委員会では社外取締
役が過半数であることが通常ですから，社外取締役の職務に関す
る実効性評価といえる側面もあります。両委員会の実効性評価を
行う場合は，その客観性や信頼性を確保するべく，第三者による
実効性評価が最善と考えられます。

解　説

1　社外取締役の評価

社外取締役の実効性評価は，行うことが可能でしょうか。以下で見ていきま
す。

(1)　社外取締役の評価を行う場面

そもそも，社外取締役の主な職務は，業務執行取締役の監督にありますので，
社外取締役を評価するためには，監督の善し悪しによって，判断することにな
ります。

　すると，社外取締役の職務執行として，業務執行取締役の監督を行う場面は，主に取締役会における意見交換および議決権行使，そして，法定または任意の委員会である，指名委員会と報酬委員会における職務執行となります。このうち，取締役会での社外取締役の職務執行は，取締役会の実効性評価の一部として評価の対象になります。ですから，社外取締役だけの実効性評価は，独立して行われるかどうかはさておき，通常の取締役の実効性評価に組み込まれていると考えてよいでしょう。

　すると，別途評価を行う場面としては，指名委員会と報酬委員会の実効性評価が考えられます。

(2)　委員会の評価の内容

　委員会の職務執行による業務執行取締役の監督については，具体的には，報酬については，報酬制度に関する設計および検証，個別のKPIの達成度といった定量的な情報や業務執行に関する姿勢，部下の育成といった定性的な情報を集め，適正に評価し，固定報酬，業績連動報酬および株式報酬について，取締役会からの委任または諮問に基づいて決定または回答し，業務執行取締役に納得してもらうことが職務になります。

　また，人事については，サクセッションプランの作成・検討といった人事制度の運用から，業務執行取締役の活動に関する報酬と同様の定量情報や定性的な情報の収集や，サクセッションプランに基づく人事制度の運用方針に沿って，業務執行取締役の再任，不再任，新任を決定することが職務になります。

　そうすると，委員会の評価は，

①　監督に必要な情報収集
②　収集した情報に基づく業務執行取締役の評価
③　評価に基づく人事や報酬の決定

といった委員会の職務が適正に行われているかどうか，といったところがポイントになります。

したがって，指名委員会や報酬委員会の実効性を評価するとなると，たとえば，

---

a　必要な情報をバランスよく取得しているか（スタッフに適正な情報を収集するよう指示しているか）

b　入手した情報を適切に評価しているか

c　当該評価を適切に使用して人事や報酬を決定しているか

ということを検討することになります。

ただし，これらの要素は，KPIの設定など客観的な基準がなく，評価は容易ではありません。

なお，指名委員会および報酬委員会の実効性評価に際しては，社外取締役のみで構成されていれば上記の点の評価項目となりますが，CEO等の業務執行取締役が委員となっている場合は，業務執行取締役である委員の発言を忖度することなく職務を遂行しているかどうか，といった業務執行取締役との関係で独立性に基づいた職務執行をしているかどうかという要素もポイントになります。

2　社外取締役を評価する手続

では，指名・報酬委員会をどのように評価すればよいでしょうか。以下で具体的に見ていきます。

(1)　誰が評価するか

指名委員会および報酬委員会は，業務執行取締役を監督することが重要な職務です。そのため，業務執行取締役に対して甘い評価をすることは許されませ

んし，講評や面談に際しては耳の痛いことをいわなければなりません。そして，業務執行が不振な取締役には低い評価を与えざるを得ず，場合によっては解任・不再任とせざるを得ません。

　すると，業務執行取締役が指名委員会や報酬委員会を評価することは，抽象的に見ても監督される者が監督する者の実効性を評価することとなり，公平に行うことができないことが予想され，そもそも不適切でしょう。さらに，業務執行取締役と委員である社外取締役の相性が悪いといった，能力とは別の評価基準が加わったり，自らが不利益を受けた委員会の委員である取締役だから解任したい，といった感情的な要素で委員の実効性評価が行われてしまったりする可能性もあります。

　したがって，現実的には業務執行取締役が社外取締役を評価することは行われているかもしれませんが，客観的な情報で冷静な評価ができるかどうか，というと微妙なところでしょう。

⑵　事務局による評価

　すると，従業員の中で委員会の活動をよく知っている者が評価するという考え方から，取締役会事務局や指名・報酬委員会の事務局が評価を行うことが考えられます。たしかに，事務局は，資料・議案の作成や情報収集など，委員会の活動に深く関わっていることから，委員会活動の実効性を評価する情報を十分に保有しているでしょう。したがって，実効性評価のためにアンケート項目を作ったり情報を整理して実効性に関する情報を集めることは可能でしょう。

　しかし，事務局の担当者はやはり業務執行取締役の指揮命令下にあり，その独立性は確保できないのが現実です。そのため，客観性のある実効性評価かどうかというと微妙なところです。

⑶　どのような手続で評価するか

　そこで，第三者による実効性評価を行うことが考えられます。実際，海外の
ガバナンス・コードでは，一定期間（たとえば3年）に一度は第三者による実
効性評価を行うことが記述されています。

　そこで，たとえば，外部者がアンケートを実施して委員会の委員および事務
局の意見を集約し，また，委員や事務局のヒアリングを行うなど，適切に情報
収集を行い，業務執行取締役から独立した立場で実効性評価を行うことで，客
観性の高い実効性評価を行うことが可能となるでしょう。

Q51　評価による社外取締役の処遇

　取締役会の実効性評価や指名委員会，報酬委員会の実効性評価を
した結果，社外取締役として評価が高い社外取締役には追加で報酬
を与えることができるのでしょうか。
　一方で，評価が低い社外取締役に対しては「次回，再任しない」と
いう選択肢以外に何かペナルティを科すことはできないのでしょうか。

A　評価が高かった社外取締役について，追加で報酬を与えるとは，
手続上は，期末に賞与を支給することです。この場合，年額報酬
の範囲内で支給する場合は株主総会への事後報告となりますし，
賞与議案を提出するのであれば，株主総会決議となります。もっ
とも，社外取締役に賞与を付与することについては，現状は，機
関投資家の理解は得にくいでしょうから，機関投資家の保有比率
が高い会社では，賛成が得られないリスクも否定できません。
　一方，評価の低い社外取締役に対する「ペナルティ」については，
法的な善管注意義務違反がない限り，そもそもそのような制度は，
他国を見ても見当たりませんし，法律上も困難でしょう。このと
き，再任しないことは可能ですが，途中解任や報酬の減額などそ
の他の方法はとれないと思われます。

解　説

1　評価が高い社外取締役への追加報酬

(1)　社外取締役に対するインセンティブ報酬は必要か

　社外取締役については，現状，ほとんどすべての上場会社において，固定報
酬制度を採用していて，賞与を支給している例は，以前は社外監査役に対する

賞与は多くありましたが，最近はほとんど把握していません。このように，評価が高い社外取締役には追加で報酬を与えるということは，上場会社のほとんどで行われていません。

　しかし，それでも「社外取締役には業務執行取締役を監督してほしいし，結果が伴えば追加で報酬を支払いたい」という経営者や株主がいるかもしれません。

(2)　社外取締役の評価と時間軸

　社外取締役の職務は，基本的には業務執行取締役の監督です。この監督の職務の効果は，必ずしも在任中に現れるとは限りません。実際，すぐに効果が出ないかもしれませんし，導入当初は評判が悪くとも長期間経過後に効果が表れることもあります。

　そうすると，社外取締役の職務については，その是非のすべてを在任中に把握し，事業年度ごとに評価することは困難です。また，退任時であってもすべての施策の効果の有無を検証できていないので，そもそもすべての職務執行について「評価」の高低を議論できる状況にはないでしょう。

　こうしたこともあって，社外取締役の評価は非常に難しいものがあり，これに伴って報酬を増減させたり賞与やペナルティを科したりするといった運用は，筆者は聞いたことがありません。

(3)　インセンティブ報酬の是非

　社外取締役が業務執行取締役をきちんと監督すること，すなわちガバナンスの充実度合いが増すことで，会社の収益が改善すれば，たしかに社外取締役のおかげでもある，ともいえるでしょう。

　しかし，その「社外取締役のおかげ」は，KPIといった数値には落とし込むことが，まずできません。そのため，評価するためにはどうしても業務執行取

締役や他の社外取締役の主観面に頼らざるを得ません（第三者評価であれば客
観性を保てますが，費用面で負担が生じます）。すると，業務執行取締役に人
気のある社外取締役の評価が高く，人気がないと評価が低い，ということにな
る可能性もあります。しかし，業務執行取締役の評価が高いからといって，社
外取締役の監督が甘いこともありますし，逆に人気が低くても厳しいながらも
適切な監督をしているかもしれません。また，そもそも監督の甘いことや厳し
いことがよいのかどうかもわかりません。

　実際，社外取締役の評価自体がとても難しく，前問のとおり，指名委員会や
報酬委員会の実効性評価を通じて評価を行いますが，その実効性評価も，手続
を客観化することで第三者から信頼されるようにしなければなりません。

　このように，社外取締役の評価は本当に難しいものですから，インセンティ
ブ報酬の支給も難しいものとなります。

2　インセンティブ報酬の内容

(1)　賞与の是非

　取締役賞与は，一般的に，会社が獲得した利益のうち，株主還元と将来投資
を除いた一部を，貢献した取締役に還元するという性格をもっています。その
ため，業務執行取締役に還元するのであれば筋が通るのですが，業務執行を行
わない取締役に還元できるかどうか，ということは現在の日本では，社外取締
役の職務と利益が直結しないと理解されており，非常に厳しいところです。

　したがって，賞与支給をすることは理論上可能かもしれませんが，株主の理
解を得るのは容易ではないでしょう。取締役会決議で賞与を支給できる会社で
も，事後報告となる株主総会で厳しい質問が来るかもしれません。また，賞与
議案は反対者が多いかもしれません。

　このように，社外取締役の職務執行の評価が高くとも，賞与でこれに報いる
ことは容易ではないでしょう。

⑵　金銭報酬による対応

　では，賞与支給ができない場合，何か金銭報酬において評価の高い社外取締役に報いる方法はあるのでしょうか。それは，翌期の固定報酬（年俸）を上げることです。これならば，賞与と異なり，株主総会決議の範囲内で増額することは問題ありませんし，賞与と異なり業績連動性が薄く，株主の理解は得られるかもしれません。

　しかし，翌期の報酬増額を期待して社外取締役が業務執行取締役におもねる可能性もありますので，株主の全面的な賛成を得られるかどうか，定かではありません。また，翌期の報酬増額の妥当性に関し，誰が社外取締役を評価するか，ということが問題となります。やはり，翌期の固定報酬を増額する方法は可能ですが，慎重に対応せざるを得ないことになります。

　もっとも，社外取締役の職務が増加した等の場合には，職務執行の対価のバランスが取れるように，という趣旨での増額が必要となりますが，インセンティブ報酬の問題ではありません。

⑶　株式報酬

　社外取締役に対する株式報酬を支給する会社は，全くないわけではありませんが，ごく少数です。不祥事の発見等も含め，株価の上下を気にして監督が疎かになるのではないか，という懸念が機関投資家や株主にあるからです。

　その一方で，株主と同じ立場に立つ（Same Boat）ためには，社外取締役も株式報酬（任期中は譲渡できない譲渡制限株式報酬など）を支給することが必要という考え方もありますし，海外では譲渡制限株式報酬を付与している会社もあるようです。ただし，このような立場でも，監査に携わる社外取締役は，目先の株価に振り回されないようにと，社外取締役全体では株式報酬を認めつつ，監査（等）委員である社外取締役には認めない，という考え方もあります。

3　ペナルティの是非

　社外取締役が業務執行取締役の職務を監督するためには，独立性が必要です。そのためには，報酬が固定されて増加しなくとも減額しない，すなわち業務執行取締役が金額を増減できないことが重要です。したがって，在任中に減額できないことはもちろん，退任後に返還を求めることも独立性を侵害することになると考えられます。

　このように，ペナルティを科すことは，社外取締役の独立性に問題が生じるので，できないと考えてください。

　また，善管注意義務違反でもないのに，報酬の返還を請求できるほどの問題が社外取締役に起きるかというと，なかなか想像できないのではないでしょうか。

第7章

社外取締役の退任・再任

Q52　社外取締役の再任①

　既存の社外取締役を再任する議案を提案する場合，株主総会参考書類に再任理由をどのように記載すればよいでしょうか。

A　社外取締役の再任議案の場合，新任のときに反対票が多い場合や，業務執行取締役の業績不振や不祥事が頻発する場合，高齢や長期間の任期などの特殊な事情がない限り，通常は反対されません。ですから，事業報告に当該事業年度の活動状況について適切に開示するとともに，株主総会参考書類に候補者として選任した理由を丁寧に記載すればよいでしょう。

解　説

1　社外取締役の適否の判断

　社外取締役は，業務執行取締役と異なり，個別にKPIなどが設定されることはなく，職務執行が会社の事業部門の業績等に直接影響することはありません。そのため，再任が適切か否かは，業績とは無関係の要素がほとんどです。たとえば，会社との利害関係という独立性や，能力や経験が会社にとって必要かどうか，といった要素がポイントになります。

　そうしますと，実際には新任候補の時点で株主総会において株主の審査を受けた要素が，そのまま再任時にも審査されることになります。したがって，通常，株主からの多くの賛成を得ていて，その状況や当該社外取締役の身上や独立性に変化がない限り，まず反対されることはないでしょう。

　すると，事業報告や株主総会参考書類に当該社外取締役の活動状況を丁寧に

記載すれば，たとえば，決まった定型文言だけでなく，具体的な職務を紹介（むろん，機密に抵触しないように工夫して）するなどの方法を採ることで，反対票が集中することは考えにくいでしょう。

2　否決される可能性がある場合

(1)　新任時に反対票が多かった社外取締役

　新任時に反対票が多かった社外取締役であっても，通常は70〜80％は賛成が得られるでしょうから，大幅に株主構成が変わるような特段の事情がない限り，再任に際しては，反対票が多くとも，再任される可能性が高いと想定されます。

　しかし，賛成票が60％を切るなど薄氷を踏むような新任時の選任であった場合，個人株主の動向や，機関投資家の保有株式の増減や議決権行使基準等の変更により，反対票が増加する可能性も否定できません。そして，その結果，再任されないリスクもあります。

　しかし，再任されないリスクを回避することは容易ではありませんし，簡単に回避できるような手法もありません。そこで，再任されないリスクに備え，事業報告や株主総会参考書類の記載を充実させ，多くの株主の賛同が得られるよう，十分な開示が必要となります。

　ただし，否決されるリスクを考えて，新しく反対されにくい候補者を立てることも考えられます。

(2)　新任時と状況が異なる取締役

　社外取締役の中には，新任時と再任時で状況が異なる場合があります。たとえば，社外取締役就任後に会社との利害関係が生じる場合が考えられます。社外取締役の本業である法人や事務所が，会社と取引を開始したり，親族が会社の役員や職員として入社したりするなどが考えられます。

　その他には，社外取締役が他社の社外取締役や社外監査役を多数引き受ける場合，すなわち兼任数の問題があります。このような場合，機関投資家の議決権行使基準において，社外取締役としてこの会社の職務に十分な時間を割くことができないという懸念が生じることを理由として，たとえば3社といった兼任数に上限を設けている場合があります。そうすると，社外取締役の中には高名で人気の高いビジネスパーソンもおり，そうした方には多方面から声がかかり，新任時と異なり兼任数が増えることも十分考えられます。

　こうした場合は，再任時に，機関投資家の議決権行使基準に抵触することになるため，再任が危ぶまれることもあります。

　そのような場合の対策としては，事業報告や株主総会参考書類の記載において，独立性や兼任数が多数あってもなお社外取締役として選任する必要があることについて，十分な説明をして，多くの株主の賛同を集めることが必要となります。

3　長期間の就任

　社外取締役の中には，長期間就任していることもあります。長期間就任していれば，会社のことは十分把握しており，また，人事や報酬といった監督に際しても，業務執行取締役との円滑な関係が維持できることから，実効性が高いともいえます。

　その一方で，長期間の就任により，業務執行取締役との馴れ合いが生じたり，会社や業界の常識に浸ってしまい，社外の客観的な目で会社を監督できなくなってしまったりする可能性も否定できません。

　そして，よく似た理由として，高齢になり体力が落ちたり病気等により取締役会への出席が減少したりする可能性もあります。そして出席割合については事業報告の開示事項であり，株主が情報を把握することになり，反対票が増加する可能性もあります。

　そのような場合には，事業報告や株主総会参考書類の記載において，高齢であったり在任期間が長くてもなお社外取締役として選任する必要があることについて，十分な説明をして，多くの株主の賛同を集めることが必要となります。

4　根本的な対策

　通常は，上記のような特別な事情がない限り，社外取締役の再任には反対票が多くはなりません。一方，再任に際して反対票が集中する懸念がある社外取締役については，無理に選任する必要があるのでしょうか。もし，特別な事情がある社外取締役を，CEOがどうしても再任したいという希望を有していた場合，何か特別な理由があるとも考えられますので，説得は容易ではないでしょう。

　とはいえ，そのような社外取締役の再任を強行して，候補者として株主総会に議案を上程したものの，結果として反対票が多数であった場合は，当該社外取締役に失礼に当たる可能性はあるでしょう。また，CGコード補充原則1-1①に沿って（エクスプレインすれば不要ですが，そのような上場会社はほとんどないようです），反対が多数となった理由の分析等を行わなければなりません。

　そうすると，独立性や兼任数等，機関投資家の議決権行使基準に抵触する可能性がある社外取締役には，十分説明した上で退任してもらい，独立性や兼任数に問題のない新しい候補者を探すことのほうが，根本的な解決となるのではないでしょうか。

Q53　社外取締役の再任②

　現在就任中の社外取締役について，社長以下全取締役が再任を希望しているので，再任を依頼しようと思います。どのような点に配慮すればよいでしょうか。

A いつ，誰が，どのように社外取締役に再任を依頼するかを考えることが必要です。

　まず，再任の依頼時期は，通常は事業年度末の3〜4か月前です。3月決算の会社の場合，12月〜1月くらいが適切でしょう。また，礼を尽くすという点から，指名委員長や経営トップからお願いするのが最善でしょう。どのように再任をお願いするかについては，経営トップや指名委員長の人柄次第ですが，率直に再任をお願いすればいいと思います。

　もし，社外取締役が再任を辞退するのであれば，その理由を聞き，会社側の事情で辞退するのであれば，改善する旨の申入れをして，再任を説得することになります。

解　説

1　社外取締役の再任

　社外取締役は，まだまだ候補者が不足しているといわれています。社外取締役にふさわしい能力や会社が求める能力（スキルマトリクスを作成して取締役会内のバランスを考える会社が増えるでしょう）を備えている方は，豊富とまでは言えないでしょう。

　また，いざ社外取締役をお願いしたとしても，実際に取締役会を開催したり意見交換をしたりするに際し，経営トップや他の社外取締役との相性の問題が

あります。

　こうした問題があるにもかかわらず，社外取締役として迎えたところ，会社が必要とする能力を満たし，経営トップをはじめとする業務執行取締役や，他の社外取締役，監査役との相性がよい方であれば，再任をお願いしたいと思うのは当然のことです。一方，同じような能力と相性の方を新しく探すのは，決して容易ではないでしょう。

　そのため，再任をお願いすることが最も適切ということになります。

2　再任をお願いする手順

(1)　再任を依頼する時期

　再任をお願いする時期はいつ頃がよいでしょうか。3月決算の会社を例に考えます。

　まず，株主総会の議案を決定しなければなりませんから，5月に申入れをしては遅いでしょう。そして，もし再任を固辞された場合には，会社が候補者を新しく探さなければなりませんし，探した後に面接するなど候補者を絞り込まないといけませんから，最低でも3か月程度は必要でしょう。

　逆に，社外取締役の立場からしても，新しい社外取締役の依頼が来ることもあるでしょう。そういった新しい会社との兼任数が多くなると，再任の依頼をしても辞退されてしまう可能性があります。ですので，もう少し早めに依頼したほうがいいでしょう。

　取締役選任議案を確定する5月から4〜5か月程度前となると，12月〜1月の間となります。

(2)　再任を依頼する者

　社外取締役は様々な方がいらっしゃいますが，コーポレート・ガバナンス上重要な取締役なので，礼を尽くすことが大切です。逆に，機嫌を損ねて再任を

辞退されては，困ります。

　したがって，経営トップ（社長または会長）や指名委員長から依頼することが最善でしょう。また，経営トップや指名委員長でない場合であっても，コーポレート・ガバナンスを所管する取締役からの依頼が必要でしょう。

(3)　再任を依頼する際の言い方

　再任を依頼する言い方は，経営トップや指名委員長などが率直に伝えればよいでしょうし，そのとき，理由を説明してもよいと思います。退任を求めるよりも難しくないでしょう。

　また，依頼するタイミングとしては，役員会の前後の時間であったり，会食の席で再任をお願いすることも考えられます。

3　再任を辞退する理由と対策

　社外取締役が，再任を依頼したにもかかわらず，辞退されることもあります。このような場合，可能な限り再任を辞退される理由をうかがうことが大切です。

(1)　やむを得ない事情

　まず，年齢，体調，家庭の事情等のやむを得ない理由の場合は，説得は困難ですから，新しい候補者を探したほうがよいでしょう。

(2)　他社との兼任数

　次に，新しい社外取締役の依頼が増加したので，再任となると引き受けた会社が多すぎて1社当たりの職務に時間をかけられなくなる，という理由の場合は，残念ながら，説得は難しいでしょう。近時は，社外取締役が会社の職務に割く時間が増えており，1人で4社，5社というのは現実的には難しくなっています。ですから，このような事態に陥らないよう，早めに再任を依頼するこ

とが大切です。

(3)　会社に不満がある場合

　再任辞退の理由として，会社の現状に不満をもたれた場合は，その不満の理由を聞き，可能な限り改善することが必要です。たとえば，報酬が安すぎるのであれば，よい人材確保のための投資と考えて，報酬を引き上げることを検討しなければなりません。

　次に，会社の体制（コーポレート・ガバナンス，コンプライアンス，監査等）に不満がある場合は，大至急改善しなければなりません。この場合，社外取締役としては不祥事や事故により自らが責任を問われる事態を避けたいと思っても不思議はないでしょう。また，新しく選んだ社外取締役も，同じような不満を抱く可能性があり，それが続くと会社としては，社外取締役の手配だけで消耗してしまうでしょう。

　そうならないよう，会社の体制について社外取締役から指摘を受けたら，それを改善することを確約して再任を依頼することになります。もっとも，会社の体制の不備については，その前から取締役会やその他の会合で指摘があるはずであり，こうした指摘に気がつかなかったとすれば，それは取締役会に参加する他の取締役の問題となります。

　ただし，こうした会社の体制，コーポレート・ガバナンス，コンプライアンス，監査等についての問題について，社外取締役が退任理由として説明してくれることは，あまり想像できません。なぜなら，退任間際に他の取締役と揉めたくないからです。

　したがって，理由が不明確なまま社外取締役が退任した場合は，自社に問題があると考えて確認をしたほうがよいでしょう（もっとも，普段から社外取締役の意見に耳を傾けていれば，このような事態は避けられるでしょう）。

Q54　社外取締役の不再任

社外取締役を再任しない場合（退任してもらう場合）に，当該社外取締役に再任しない旨を説明する際の留意点は何でしょうか。

A 再任の場合と同様に，いつ，誰が，どのように社外取締役に不再任を告げるかを考えることが必要です。

まず，不再任の理由をどのように告げるかは，経営トップの人柄次第ですが，客観的な基準があれば，円滑に退任を切り出せるでしょう。

また，不再任を告げる時期は，再任の場合と同じで，通常は事業年度末の3〜4か月前です。3月決算の会社の場合，12月〜1月くらいが適切でしょう。また，礼を尽くすという点から，経営トップまたは指名委員長から伝えるのが最善でしょう。

解　説

1　不再任の告知

社外取締役に引退をしていただくこと，すなわち不再任の告知は，あまり気持ちのいいものではありません。長年，自社の社外取締役として取締役会や経営者を監督し，助言してきてくださった方に，会社から去るように告げることは，気が重い仕事です。

また，社外取締役が不再任を了承してくだされば問題はないのですが，不再任について納得してくださらない場合，どのように説得すればよいか，頭が痛い問題でしょう。

そこで，少しでも不再任の告知が円滑に進むよう，考えてみたいと思います。

2　不再任の理由

(1)　形式的な理由と実質的な理由

①　形式的な理由

　年齢の上限，長期の任期といった，社外取締役の能力や資質とは無関係な理由です。社外取締役で経営経験がある方の場合は，一般的に高齢になりがちですので，あまり低年齢の定年は設けにくいでしょう。任期については，長期間の就任によって「情が移る」等の理由からか，議決権行使基準に概ね10年を定める機関投資家が少なくありませんので，それを参考にしてもよいでしょう。

②　社外取締役の資質に問題がある場合（実質的な理由）

　社外取締役の資質や能力に問題がある場合は，容易ではありません。

　実際に，不祥事やトラブルを起こした社外取締役について，不再任を告げることは，不再任の理由が明確であることから，比較的問題にはなりにくいでしょう。取締役会やその他の重要な会議において欠席する回数が多かったり，取締役会等においてほとんど発言しなかったり，といった場合については，客観的な理由があることから，社外取締役への説明は比較的容易でしょう。しかし，社外取締役について期待される資質や能力を満たさない場合は，容易ではありません。

　たとえば，取締役や従業員との相性が悪い場合，役職員に対して高圧的である場合，職務執行時の振る舞い等が会社にふさわしくないという場合は，客観的な要素がなく，社外取締役への説明は容易ではありません。

(2)　再任・不再任の基準

　以上述べたとおり，理由によっては告知が容易な場合と告知を切り出しにくい場合とがあり得るでしょう。そこで，社外取締役の選任基準だけでなく，再任（または不再任）の基準を設けておく方法があります。

　たとえば，任期や年齢の上限をあらかじめ定めておけば，就任時に説明する

ことも容易ですし，不再任の際の説明も容易です。また，就任時に説明していることや，内規という社内ルールにあることから，社外取締役の納得度も高いでしょう。

　社外取締役の資質や職務執行への関与についてもまた，基準があったほうが不再任の際，説明が容易となります。たとえば，取締役会（監査等委員の場合は監査等委員会も含む）やその他の会議への欠席が一定数を上回った場合（たとえば4分の1）は再任しない，といった基準が考えられます（取締役会や監査等委員会への出欠については，機関投資家の議決権行使基準に盛り込まれている例が多くあります）。

　もっとも，役職員との相性や関係，また取締役会等での発言の有無等については，客観的基準を設けることが困難であることから，基準を設けることは現実的ではありません。そうすると，結局，告知を行う取締役が，社外取締役が不機嫌になったり反論してきたりすることを予測した上で，基準がないまま告知するしかなさそうです。

(3)　不再任の理由を告知しにくい場合

　不再任の理由を告知しにくい場合，言いにくい理由であっても率直に告げる方法と，他の理由を考案して告知し，実質的な理由は告知しない方法が考えられます。円滑に社外取締役に不再任を理解してもらうためには，別の理由を考案したほうが適切でしょうし，社外取締役と告知をするものとの双方が気まずい思いをしなくてすむでしょう。

　たとえば，当該社外取締役の関係する会社と取引することになったので，少額であるものの独立性に抵触する可能性がある，という社外取締役の要件と関係する理由があれば，それを説明する方法があります。他には，「ダイバーシティ」を理由として女性社外取締役や外国人社外取締役を選任したい，あるいはスキルマトリクスを均等にするため，現在の社外取締役と異なるバックグラ

ウンドや資質をもつ方を社外取締役にお招きしたいから，という理由が考えられます（もっとも，この場合は，社外取締役に説明したとおりの後任の候補者を探さなければなりません）。

3　不再任を告知する時期

　不再任を告知する時期は，再任をお願いする時期と同時期か，それよりも早い時期が適切でしょう。社外取締役に不再任を告知する時期は，後任候補者を探さなければなりませんから，再任をお願いする時期か，それよりも前になるでしょう。また，社外取締役にとっても，今後の身の振り方を考える上で，あまり直前の不再任告知では困るでしょう。実際，社外取締役経験者は，会社法上の社外取締役の義務化やCGコード上の多人数の選任要請があることから，まだまだ需要はあります。社外取締役が，他社から社外取締役や社外監査役を打診された際，兼任となるかどうかを検討するためには，近時は社外取締役の兼任数に注目が集まっていることから，早期に社外取締役の再任・不再任が判明したほうが円滑に判断できるでしょう。

4　不再任を告知する者

　不再任を告知する者は，経営トップ，または（任意の）指名委員会や人事委員会があれば，その委員長が告知をすることが適切でしょう。最近のコーポレート・ガバナンスを考え，また，就任期間にかかわらず，不再任を告知するにふさわしいステイタスと社外取締役の納得感を考えると，告知できる取締役は意外と限られます。

　なお，指名委員長の不再任については，経営トップ，または指名委員のうち，委員長以外の1名となるでしょう。

Q55　社外取締役の退任①

　任期の途中で社外取締役を退任（辞任）したい旨の申し出があった場合，どのように対応すべきでしょうか。理由によって違いがあれば，分類して紹介してください。

A まず，年齢，健康，家族の介護等のやむを得ない理由の場合は，了承するほかないでしょう。

　次に，会社の不祥事に関与した場合は，株主・投資家の信任を得られないでしょうから，辞任は了承せざるを得ないでしょう。一方，不祥事に関与していない場合，辞任を了承するかどうかは少々難しいところがあります。

　なお，理由が不明な場合は，取締役の多数が職務の継続を希望している限り社外取締役を説得することになります。ただし，言いにくい事情が社外取締役にあるでしょうから，注意が必要で，無理に説得したり理由を聞き出したりしないことが大切かもしれません。

解　説

1　やむを得ない場合

　社外取締役から，任期途中に退任（辞任）の申し出を受けることもあると思います。まずその社外取締役に理由を聞くことになりますが，年齢，健康，家族の介護等のやむを得ない理由の場合は，説得をしても状況が変わるわけではないことから，了承せざるを得ないでしょう。ただし，有価証券報告書を提出している大会社では社外取締役の選任義務があり，またCGコード上複数の社外取締役の選任が慫慂されていることから，任期途中での辞任の場合，後任者

の選任のためには臨時株主総会を開催しなければならず，費用や手間がかかります。そのため，辞任理由によっては，任期満了まで待てるかどうかの説得を考えたほうがよいこともあります。

　もっとも，こうした事態を未然に防ぐため，社外取締役の任期が1年の会社が多いでしょうから，年齢や健康については，毎年株主総会前に再任が可能かどうかを確認して，任期途中の辞任という事態を回避することが大切です。

　なお，監査等委員の場合は任期が2年であり，再任時に確認しても，想定外の事態は起こり得るでしょう。こうした事態も，その是非はともかく，ある意味「やむを得ない事態」といえるでしょう。

2　会社の不祥事に関与した場合

　会社の不祥事に関与した場合は，通常は，株主との信頼関係が維持できないことから，辞任を了承することが筋でしょう。

　ただし，社外取締役が不祥事そのものに積極的に関わることはほとんどなく，相談されて積極的に承認した，黙示に承認した，発見したけれども当事者に依頼されて沈黙していた，誰にも依頼されなかったけれども沈黙していた，といったように，受け身な場合が多いでしょう。しかし，取締役は，不祥事を発見した場合は監査役や監査等委員会に報告する義務（会社法357条1項）がありますから（指名委員会等設置会社では適用されません），承認した場合だけでなく沈黙していた場合も法令違反となりますので，辞任は不可避でしょうし，少なくとも次の定時株主総会での再任は無理でしょう。

　また，不祥事に気がつく機会があったにもかかわらずその機会を逃した場合は，善管注意義務違反の程度が軽いため，事後処理のために株主総会までは辞任しないよう依頼することも考えられます。

　なお，不祥事の規模が大きく辞任する取締役が多数であって代表取締役や取締役会議長が辞任をする場合，辞任の意思表示を受け取る者が誰か，という問

題もあります。

3　不祥事に関与していない場合

　不祥事に関与していない場合は，本来は辞任する理由はありません。しかし，報道，社会的な風潮，家族に対する風当たり等の外部的な要因や，社外取締役自身の責任感等から，社外取締役が辞任を申し出てくることは十分考えられます。

　その場合は，経営トップが辞任撤回を説得するか辞任を了承するかを決定することが筋なのですが，残念ながら，経営トップが不祥事に関わり，あるいは不祥事を止められなかった責任により辞任することも珍しくありません。こうしたときは，任意または法定の指名（人事）委員会の委員長（通常は社外取締役）が説得または了承をすることになるでしょう。

　もっとも，業務執行取締役のほとんどが辞任せざるを得ないような大規模な不祥事の場合は，臨時株主総会を招集して新しい経営陣と社外取締役を選任することが，現代では正当なコーポレート・ガバナンスと評価されますので，この場合は，臨時株主総会まで辞任を延期してもらうように説得することになります。

4　理由が不明な場合

　辞任理由が不明な場合は，社外取締役が，健康や年齢とは全く別の本当に個人的な理由で辞任を申し出てくることもあるでしょう（健康上の理由を隠す場合もあるでしょう）。このような場合は，説得は困難でしょうから，いつまでも理由を教えてもらえることはなく，不透明感はあるものの，一身上の都合として辞任を了承するしかないでしょう。

　しかし，言いにくい辞任の理由が，取締役会や会社経営の方針，姿勢が社外取締役と一致しない場合等々，社外取締役としてはこれ以上職務を続けられな

い，という事態が発生していることも考えられます。ところが，今後の人間関係を考えると，正面切ってその問題点を指摘せず，当たり障りのない理由で辞任を申し出ることも少なくないでしょう。このような場合は，食い下がれば辞任理由を教えてもらえるかもしれませんが，通常は，円満な関係を崩したくないでしょうから，たとえ食い下がっても教えてくれることはないでしょう。そのため，辞任の申し出を受けて慌てるのではなく，普段から社外取締役の発言や行動等から，取締役会や他の取締役に対する考え方などを観察し，社外取締役が不満や危機感をもっていないかどうかを把握するなど，業務執行取締役等とともに，スタッフも社外取締役の状況を理解することが大切です。

Q56 社外取締役の退任②

社外取締役が退任（不再任，辞任）となった場合の手続について留意点はありますか。

A まず思いつくのは，社外取締役が保有している取締役会資料や各種電子データです。これらについては，社外取締役に手許での保有を認める代わりに守秘義務を課します。

次に，社外取締役が退任後に競業会社の役員等に就任すると，競業避止義務の問題が生じますので，就任時の契約がない場合は，退任時に合意できるかがポイントとなります。

また，社外取締役側にもメリットがあるよう，役員賠償責任保険（D&O）の退任役員について10年間被保険者とすることが必要となります。

そして，最後に，退任登記をするとともに，上場会社の場合適時開示が必要かどうか検討します。また，報道対応が必要な場合もあります。

解 説

1 取締役会資料等

社外取締役は，取締役会やその他の会議に出席する度に紙の資料を受け取り，または事前に電子データにより資料を受け取って，検討することが通常です。そのため，社外取締役が退任するときは，過去の会議資料の紙やデータが社外取締役の手許に残っています。

この点について，退任時に返還を求めればよいという考え方が主流で，実際に社外取締役に対して退任時に書類の返還を求める例は少なくありません。し

かし，退任する社外取締役としては，万が一自らの関わる取締役会その他の会議の議題において，退任後に違法行為等が発覚して社外取締役にも法的責任が追及される裁判が，株主や現在の取締役や監査役から提起されないとも限りませんから，防御することが必要です。

　たしかに，退任後に提起された株主からの責任追及訴訟のように，現在の会社や取締役が退任取締役に対して，取締役会その他の会議資料や議事録を提出してくれたり，事前に閲覧させてくれたりすれば問題ありません。

　しかし，不祥事や大規模な出資を受けた等の結果，取締役や監査役全員が交代して，取締役会や監査役会の構成員の全員が入れ替わった場合，旧役員の責任について改めて検討され，違法（善管注意義務違反を含みます）と判断された場合，取締役会や監査役，監査等委員会が原告となって旧役員に対して損害賠償訴訟を提起してきます。すると，新役員が相手方である旧役員に対して任意に資料を見せることは，およそ想像できません。ですから，退任する社外取締役としては，自らの職務執行が適切であるという証拠を手許に確保しておきたいでしょうし，それを拒否することは現実的ではありません。

　また，会社法上も退任時に会社から受け取った書類等を返却する義務があるとは定められていません。そして，退任する社外取締役の端末に保管してある電子データは複製が可能であり，そもそも退任する社外取締役の端末のデータの消去は，会社が自ら行うことはできませんし，退任取締役が消去したかどうかも確認できず，結局は当該社外取締役自身に委ねるほかありません。

　そこで，現実的な対処として，後述する守秘義務の一環として，取締役会等の資料については，訴訟等正当な理由がなければ第三者に開示しない旨を会社と退任する社外取締役との間で合意することが必要です。

2　社外取締役の義務

　退任後の社外取締役の義務は，主に守秘義務と競業避止義務が問題となりま

す。在任中は，会社法上競業避止義務が定められ，また守秘義務は善管注意義務の一環として理解されていることから問題ありませんが，会社法上は退任後まで義務が及ぶわけではありません。

そこで，まず，就任時に取締役就任契約を締結して，その内容として退任後も一定期間は守秘義務・競業避止義務を負う旨を合意していれば問題ありません。しかし，かかる合意をしていない場合，退任時に守秘義務契約や競業避止契約を結ぼうとしても，退任する社外取締役が拒否をすれば，かかる合意はできず，退任後に秘密を公表されたり，競業会社の役員に就任されてしまったりする可能性があります。すると，こうした行為が会社に対する不法行為等に該当しない限り，退任する社外取締役に対して責任追及をすることはできません。

そのため，以前は，退職慰労金を支給する際に守秘義務契約や競業避止契約を締結することができましたが，現在では退職慰労金制度を廃止している企業が少なくないことから，現実的ではありません。

そのため，後述する役員賠償責任保険の被保険者として退任する社外取締役を加えることと引換えに，守秘義務および競業避止義務を合意することを検討するぐらいしか対策は考えられません。ですから，取締役退任時に守秘義務や競業避止に関する合意をするのではなく，就任時に，または遅くとも再任時に，社外取締役との就任契約書を作成し，その中に退任後の守秘義務や競業避止義務を定めておくことが必須です。

3 役員賠償責任保険

役員賠償責任保険（D&O）は，基本的には現役の役員が被保険者であって，特約がなければ，退任取締役は被保険者となりません。しかし，株主代表訴訟や会社からの役員責任追及訴訟は退任後に提起されることも少なくありません。その際に役員賠償責任保険の被保険者でないと，訴訟の高額な弁護士費用を退任取締役が負担せざるを得ず，本当に必要なときにD&Oが機能しない事態と

なってしまいます。

　そこで，D&Oの特約として，退任取締役も被保険者に加えることが可能となっていますので，会社としては特約の付加を忘れないことが大切です。近時はこうした特約がパッケージ化されていますので，保険証券等を確認することが必要となります。

4　登　記

　会社は，社外取締役の退任後，法定期間（2週間）以内に，退任登記をする必要があります。そのため，辞任の場合は当該社外取締役の辞任届（自署捺印が必要）が，任期満了の場合は株主総会議事録等が必要となります。

5　開示および報道対応

　社外取締役の辞任や退任について，東京証券取引所の有価証券上場規程上は，適時開示義務は定められていません。そのため，適時開示は義務ではありませんが，役員人事を任意に開示する上場会社は少なくありませんし，他の役員人事と同時に開示する会社も少なくありません。

　そのため，現実的には，上場会社は，任意の開示として，社外取締役の退任を開示することが好ましいでしょう。

　また，報道については，新聞等では社外取締役の異動について記事としているところもありますので，報道機関に対する情報提供も適切に行ったほうがよいでしょう。

索　引

索　引

【著者紹介】

中西　和幸（なかにし・かずゆき）

田辺総合法律事務所　弁護士

東京大学法学部卒。1995年，第一東京弁護士会登録。第一東京弁護士会総合法律研究所会社法研究部会長（2007年〜2011年），株式会社レナウン社外取締役（2010年），オーデリック株式会社社外監査役（2012年〜2016年），株式会社VAZ社外監査役（2017年〜2020年），株式会社グローバル・リンク・マネジメント社外取締役監査等委員（2018年〜），金融庁企業会計審議会監査部会臨時委員（2017年〜2018年）。会社法，不正調査，危機管理，株主総会指導，M&A，金商法，金融法務，各種訴訟を主な業務とする。著書，論稿を多数手がけ，企業法務に係る多くのセミナー講師を務めている。

総務・事務局担当者のための
社外取締役対応の現場Q&A

2022年8月1日　第1版第1刷発行	著　者　中　西　和　幸
	発行者　山　本　　　継
	発行所　㈱中央経済社
	発売元　㈱中央経済グループ パブリッシング

〒101-0051　東京都千代田区神田神保町1-31-2
電話　03（3293）3371（編集代表）
03（3293）3381（営業代表）
https://www.chuokeizai.co.jp
印刷／文唱堂印刷㈱
製本／井 上 製 本 所

© 2022　Printed in Japan

令和3年3月施行の改正会社法・法務省令がわかる！

「会社法」法令集〈第十三版〉

中央経済社 編　　ISBN：978-4-502-38661-9
A5判・748頁　定価 3,520円（税込）

◆重要条文ミニ解説
◆会社法—省令対応表 ｝付き
◆改正箇所表示

　　令和元年法律第70号による5年ぶりの大きな会社法改正をはじめ，令和2年法務省令第52号による会社法施行規則および会社計算規則の改正を収録した，令和3年3月1日現在の最新内容。改正による条文の変更箇所に色づけをしており，どの条文がどう変わったか，追加や削除された条文は何かなど，一目でわかります！
　　好評の「ミニ解説」も，法令改正を踏まえ加筆・見直しを行いました。

本書の特徴

◆**会社法関連法規を完全収録**
　　平成17年7月に公布された「会社法」から同18年2月に公布された3本の法務省令等，会社法に関連するすべての重要な法令を完全収録したものです。

◆**好評の「ミニ解説」さらに充実！**
　　重要条文のポイントを簡潔にまとめたミニ解説を大幅に加筆。改正内容を端的に理解することができます！

◆**改正箇所が一目瞭然！**
　　令和3年3月1日施行の改正箇所とそれ以降に施行される改正箇所で表記方法に変化をつけ，どの条文が，いつ，どう変わった（変わる）のかわかります！

◆**引用条文の見出しを表示**
　　会社法条文中，引用されている条文番号の下に，その条文の見出し（ない場合は適宜工夫）を色刷りで明記しました。条文の相互関係がすぐわかり，理解を助けます。

◆**政省令探しは簡単！　条文中に番号を明記**
　　法律条文の該当箇所に，政省令（略称＝目次参照）の条文番号を色刷りで表示しました。意外に手間取る政省令探しも素早く行えます。

中央経済社